Library of Marxism Studies, Volume 2

马克思主义研究论库

第二辑

国家出版基金项目
NATIONAL PUBLICATION FOUNDATION

创新实践与唯物史观形态研究

Research on Innovative Practice
and Historical Materialism Form

董振华 著

中国人民大学出版社
·北京·

出版说明

　　马克思主义是我们立党立国的根本指导思想，是我们认识世界、改造世界的强大理论武器，加强和推进马克思主义理论研究和建设，具有十分重要的意义。当前，随着中国特色社会主义伟大实践深入推进，新情况、新问题层出不穷，迫切需要我们紧密结合我国国情和时代特征大力推进理论创新，在实践中检验真理、发展真理，研究新情况，分析新矛盾，解决新问题，用发展着的马克思主义指导新的实践。时代变迁呼唤理论创新，实践发展推动理论创新。当代中国的学者，特别是马克思主义学者，要想适应时代要求乃至引领思想潮流，就必须始终以高度的理论自觉与理论自信，不断推进马克思主义中国化、时代化、大众化，不断赋予马克思主义新的生机和活力，使马克思主义焕发出强大的生命力、创造力、感召力，放射出更加灿烂的真理光芒。

　　为深入推进马克思主义理论研究、马克思主义中国化研究，中国人民大学出版社组织策划了"马克思主义研究论库"丛书。作为一个开放性的论库，该套丛书计划在若干年内集中推出一批国内外有影响的马克思主义研究高端学术著作，通过大批马克思主义研究性著作的出版，回应时代变化提出的新挑战，抓住实践发展提出的新课题，推进国内马克思主义研究，促进国内哲学社会科学的繁荣发展。

　　我们希望"马克思主义研究论库"的出版，能够受到广大读者的欢迎，为推动国内马克思主义研究和教学做出更大贡献。

中国人民大学出版社

目　录

引　言 ……………………………………………………………… 1
　一、问题的提出及意义 ……………………………………… 2
　二、研究的目的及方法 ……………………………………… 6
　三、相关问题研究状况 ……………………………………… 9

第一章　实践形态的演变及创新实践范畴的出场 ………… 25
　一、人类社会实践形态的历史演变 ……………………… 25
　二、创新实践范畴的提出 ………………………………… 33
　三、创新实践是人类实践的高级形式 …………………… 39
　四、创新实践与马克思主义哲学的革命意义 …………… 42

第二章　创新实践的基础理论 ……………………………… 49
　一、创新实践的内在结构 ………………………………… 49
　二、创新实践的外部环境 ………………………………… 63
　三、创新实践的生成机制 ………………………………… 71
　四、创新实践的基本特点 ………………………………… 82
　五、创新实践的主要类别 ………………………………… 86

第三章　创新实践与人的本质论 …………………………… 93
　一、马克思关于人的本质的三重规定 …………………… 93
　二、创新实践是人的本质的充分体现和深刻确证 ……… 99
　三、创新实践是人自由全面发展的根本途径 …………… 105

第四章　创新实践与历史动力论 ·················· 112
　一、社会发展动力理论的历史回顾与现状 ·········· 112
　二、技术创新实践是物质文明发展的超常动力 ········ 118
　三、制度创新实践是制度文明发展的直接动力 ········ 123
　四、知识创新实践是精神文明发展的直接源泉 ········ 125
　五、三大文明的系统作用推动着社会不断进步 ········ 131
第五章　创新实践与人民价值论 ·················· 138
　一、创新实践与马克思主义哲学革命 ·············· 139
　二、马克思主义价值论的实践本质 ················ 142
　三、社会主义本质的实践价值论规定 ·············· 147
第六章　创新实践与发展本质论 ·················· 158
　一、发展和创新实践本质上是统一的 ·············· 158
　二、创新实践是解决发展问题的根本途径 ··········· 161
　三、创新实践对科学发展本质的深刻揭示 ··········· 164
　四、创新实践是社会发展战略的灵魂 ·············· 167
结束语：永无止境的创新实践问题 ················ 170
　一、创新实践本身的发展永无止境 ················ 170
　二、创新实践理论的研究永无止境 ················ 172
　三、创新实践理论的应用永无止境 ················ 173

主要参考文献 ·································· 175
后　　记 ···································· 182

引　言

　　实践的观点是马克思主义哲学的首要和基本的观点。在《关于费尔巴哈的提纲》中，马克思指出："从前的一切唯物主义——包括费尔巴哈的唯物主义——的主要缺点是：对对象、现实、感性，只是**从客体的**或者**直观**的形式去理解，而不是把它们当作**人的感性活动**，当作**实践**去理解，不是从主体方面去理解……不了解'革命的'、'实践批判的'活动的意义。"① 因此，"哲学家们只是用不同的方式**解释**世界，而问题在于**改变**世界"②。《关于费尔巴哈的提纲》不仅是实践唯物主义诞生的宣言，而且也指出了这种新哲学"革命的""批判的"本质特征。按照这种革命的和批判的本质，实践唯物主义自身的发展方式，就在于随着人类生存方式的生成、发展而展开。哲学与人们的生活实践具有密不可分的联系。哲学不是世界之外的遐想，而是现实生活的理论形态；离开了生活实践，哲学将不可避免地走向孤寂、神秘。只有立足于人类生活实践，才能真正理解哲学；也只有立足于人类生活实践，才能有所谓真正的哲学创造。因此，马克思指出："关于思维——离开实践的思维——的现实性或非现实性的争论，是一个纯粹**经院哲学的**问题。"③ "全部社会生活在本质上是**实践的**。凡是把理论引向神秘主义的神秘东西，都能

---

① 　马克思，恩格斯. 马克思恩格斯选集：第1卷. 2版. 北京：人民出版社，1995：58.
② 　同①61.
③ 　同①55.

在人的实践中以及对这个实践的理解中得到合理的解决。"① 马克思的论断不仅揭示了马克思主义哲学的本质特征，同时也揭示了一切无效的哲学之所以无效的真正秘密。因而，我们应该从实践的观点出发来理解人、人的活动以及整个世界。正如肖前先生在《马克思主义哲学原理》前言中所指出的："实践的观点是全部马克思主义哲学的首要的和基本的观点，实践范畴是马克思主义哲学整个体系的核心范畴，只有立足于社会实践的观点，才能把握和阐明马克思主义哲学的精神实质，才能理解和说明马克思主义哲学在它产生之后 100 多年里的生气勃勃的新发展。"② 我们应当从人类的生存和发展的角度去理解和把握马克思主义哲学的实践概念。在当今社会，人们的实践活动发生了很大变化，技术创新、社会制度创新等已经成为人们生存和发展活动的最主要的形式，哲学作为时代精神的精华，应当对当代社会实践和科学成果做出理论反思和科学概括，因此，扣住这些时代主题在哲学上提炼出创新实践范畴，使马克思主义哲学在创新实践的基础上实现总体创新，就成了马克思主义哲学保持持久生命力、成为体现当今时代精神精华的迫切要求，同时也成了马克思主义哲学走向当代、获得当代意义的重要途径。

一、问题的提出及意义

近代以来，天文学、力学等领域实现的一系列科学创新，使自然科学获得了独立地位和快速的进步。在以科技革命为龙头的一系列创新实践的强大驱动下，欧美国家的工业革命凯歌高奏，捷报频传，新的资本主义工业生产方式代替了旧的农业生产方式，新的自由的资本主义生产关系取代了扼杀个人自由和社会生机的封建主义生产关系，社会生产力的发展提高到了前所未有的水平，社会变化的脚步也渐行渐快，以至于马克思恩格斯在《共产党宣言》中发出了如下的赞叹："资产阶级在它的不到一百年的阶级统治中所创造的生产力，比过去一切世代创造的全部生产力还要多，还要大。自然力的征服，机器的采用，化学在工业和

---

① 马克思，恩格斯. 马克思恩格斯选集：第 1 卷. 2 版. 北京：人民出版社，1995：56.
② 肖前. 马克思主义哲学原理. 北京：中国人民大学出版社，1994：前言Ⅱ.

农业中的应用，轮船的行驶，铁路的通行，电报的使用，整个整个大陆的开垦，河川的通航，仿佛用法术从地下呼唤出来的大量人口，——过去哪一个世纪料想到在社会劳动里蕴藏有这样的生产力呢?"① 随着各种创新速度的日益加快，人类改造世界的能力也日益增强。在人的本质能力的全面绽放过程之中，人类实践活动中的创新成分越来越多，实践正在从以常规的重复性实践为主导形式向以超常规的创新性实践（创新实践）为主导形式的跃迁。当代人类实践在内容、方式、特征等方面都发生了巨大而深刻的变化，创新实践已经日益成为当代人类的主要实践形式。

创新实践始终是推动社会发展的原动力，在知识经济时代，创新实践对社会发展的推动作用尤为显著。如果说在以前的经济时代，由于创新实践还较少，而且常常和常规实践混在一起，因此，人们对创新实践还缺乏切身的感受，对创新实践的巨大社会推动作用还缺乏足够的认识，那么，在当今时代，创新实践已经上升为主导的实践形态，它也由此成为推动社会发展和革命性变革的主导力量，离开创新实践就没有经济的发展和社会的进步，就更谈不上飞跃式发展和革命性变革了。

当代社会发展已经把创新实践的重要作用彰显了出来，但也历史地向人们提出了从理论上认识创新实践的时代课题。如果说在马克思生活的时代，创新还不是一个普遍性的问题，研究创新实践还不是实践迫切要求回答的历史课题，那么，在制度创新、技术创新和知识创新成为政治、经济、文化和社会生活重要现象的当代，研究创新实践就已经成为迫切的理论需要和实践要求。正如恩格斯所说："我们的理论是发展着的理论，而不是必须背得烂熟并机械地加以重复的教条。"② 结合时代特点和现实需要，运用和发展马克思主义，是所有马克思主义者义不容辞的责任。"马克思的整个世界观不是教义，而是方法。它提供的不是现成的教条，而是进一步研究的出发点**和供**这种研究**使用**的方法。"③ 在对待马克思主义的实践理论这个问题上，我们同样需要与时俱进，结合时代特点运用马克思主义提供的基本方法进行大胆创新，用不断发展着的马克思主义指导新的实践。于是，创新实践问题就理所当然地进入

---

① 马克思，恩格斯. 马克思恩格斯选集：第1卷. 2版. 北京：人民出版社，1995：277.
② 马克思，恩格斯. 马克思恩格斯选集：第4卷. 2版. 北京：人民出版社，1995：681.
③ 马克思，恩格斯. 马克思恩格斯全集：第39卷. 北京：人民出版社，1974：406.

了理论研究的视野，本书的选题也正是基于这一考虑。

（一）创新实践问题研究的理论意义

创新实践问题的研究具有十分深远的理论意义，它不仅可以推动劳动理论本身的发展，而且在此基础上可以推动马克思主义哲学、政治经济学等学科的发展。

首先，研究创新实践问题可以推进马克思主义哲学的发展。正像马克思首先批判了旧唯物主义的实践观，确立了新唯物主义的实践观，从而为新的历史观的建立找到了"立脚点"，打下了理论基础一样，创新实践理论的研究也必须自觉地贯彻和运用到社会历史发展领域的研究中。这种运用必将推进马克思主义哲学的当代化转换。创新实践问题的研究可以从多个方面发展马克思主义哲学，例如历史主体论、价值论、社会发展动力论、社会发展理论等。如果说实践性是马克思主义哲学区别于一切旧哲学的本质特征，那么创新实践应该是马克思主义哲学在当今时代更本质的特征。如果说常规实践可以加深人们对现有知识的理解和认识，那么创新实践才真正为人类的认识活动提出了新要求、新任务，提供了新材料、新工具，对已有理论进行创新性检验，从而拓宽了认识的领域、加深了认识的层次。既然劳动是理解社会历史的锁钥，那么标志着人类劳动本质属性的创新实践更应该是理解历史的锁钥。如果说常规实践可以对既有实践创造的产品进行量的积累，这只是在维持着人的生存状态和人类社会的存在状况，那么创新实践可以不断满足人们发展着的需要，同时促进人自身的发展和社会的进步，它是推动社会发展的原动力。创新实践内在地包含着主体与客体、主观与客观、事实与价值、经验与理念、实有和应有等人与自然、人与人之间的多重矛盾关系，蕴含了一切当代哲学问题由之产生的胚芽，又是当代人类解决多重矛盾的根本途径。所以，创新实践是一个能够全面融通和贯穿马克思主义哲学各个组成部分的总体性范畴，引进创新实践观点必将推进马克思主义哲学的总体创新。

其次，研究创新实践可以促进经济学的发展。自美籍奥地利经济学家约瑟夫·熊彼特于1912在《经济发展理论》一书中正式提出"创新"概念以来，在很长的一段时期内，这个理论由于和主流经济学不协调而被长期忽视。直到20世纪50年代，由于西方经济发展得相当快，已不能用传统的资本、劳动力因素来解释经济的快速增长，尤其是到了 20 世纪下半叶，随着新技术革命的蓬勃兴起和市场改革取向的快速发展，人们越来越认识到技术进步和制度创新对经济发展的显著作用，从而掀起了一场全世界范围内的创新浪潮，创新理论才被人们重视起来，并逐渐被世人所接受。随着人们对创新问题的深入研究，创新理论得到了前所未有的蓬勃发展，取得了许多理论成果。但是，在这一领域中，尚有许多有待开发的空间。例如，在创新理论的基础上，我们可以进一步研究创新实践问题，从经济学的理论上解释创新实践的价值创造、价值分配、价值构成、激励和制约机制等问题。

（二）创新实践问题研究的实践意义

研究创新实践问题对于当代中国和世界的发展都具有重要的现实意义。这一问题的深入研究不仅有利于破解各种经济难题，解答我们社会主义实践中所遇到的问题，而且有利于洞悉新经济形态的创新本质，从而制定出科学的社会发展战略，应对新技术革命的挑战，从而牢牢抓住和正确把握难得的历史机遇，实现中国的跨越式发展，有力推动我国的现代化进程，赶超世界发展的历史潮流。

首先，创新实践问题的深入研究，可以使我们更加清楚地认识社会发展的原动力，有利于正确认识社会发展规律，科学认识资本主义和社会主义两种社会历史进程，坚定共产主义信念。正如恩格斯所说的："在马克思看来，科学是一种在历史上起推动作用的、革命的力量。任何一门理论科学中的每一个新发现——它的实际应用也许还根本无法预见——都使马克思感到衷心喜悦，而当他看到那种对工业、对一般历史发展立即产生革命性影响的发现的时候，他的喜悦就非同寻常了。"[①]正是在科学技术和创新实践的推动下，人类社会不断向前发展，"两个必然"才成为一个必然的逻辑结论。

其次，创新实践问题的深入研究，可以使我们更好地解释其他国家社会发展实践的成败得失、我国改革开放前所遇到的挫折以及 40 年来改革开放所取得的巨大成果，从而正确认识创新实践在社会发展中的重要作用，坚定不移地进行社会主义改革，以创新实践实现我国的跨越式

---

① 马克思，恩格斯. 马克思恩格斯选集：第 3 卷. 2 版. 北京：人民出版社，1995：777.

发展，推动社会主义现代化的进程，最终实现全民族的伟大复兴。

再次，创新实践问题的深入研究，可以使我们更好地解释当前我国社会主义建设过程中出现的新问题，为政治体制改革和经济体制改革提供理论支持和实践指导。例如，分配制度改革、产权制度改革、所有制经济形式改革等，这对于正确认识工人、科技生产者、管理生产者在技术革新、技术创新和管理创新中的重要作用，正确认识民营科技企业的创业人员和技术人员、私营企业主为发展社会主义生产力所做的贡献，以及确定他们相应的经济地位和政治地位，在全民族形成敢于创新、勇于创新、能够创新、尊重创新、尊重知识、尊重人才、尊重教育的良好文化氛围，都具有重要的现实意义。

最后，创新实践问题的深入研究，可以更好地解释企业发展的动力，以及科技创新、管理创新在企业发展中的重要作用，在此基础上进行相应的企业制度改革，鼓励企业创新，激发企业员工的创新潜力，有利于增强企业的生机和活力，推动企业的快速发展。

总之，创新实践问题的提出并不是某个天才头脑的构想，也不是学术界故意标新立异，而是当代人类实践发展的迫切需要，是理论研究与时俱进的必然要求。

二、研究的目的及方法

（一）研究目的

创新实践产生于时代又推动着时代的发展，时代中的许多问题都和它有着千丝万缕的关联，需要从创新实践问题的研究中找到具体的答案。同时，我们也应该看到创新实践问题是非常复杂的，而且研究内容也相当丰富，如此纷繁复杂的问题的解决不可能一蹴而就，因此，创新实践问题的研究是一项长期的任务，不可能一劳永逸。鉴于本书的篇幅和本人的研究能力都十分有限，本书只能探索性地对当前大家普遍关注而又没有具体答案的一些问题进行解答，以期抛砖引玉，推动创新实践问题的研究。本书的研究目的是：

（1）从概念上，对创新实践的内涵外延进行明确界定，厘清创新实践与创新、创新劳动、创新活动等概念之间的关系，从而使人们对创新实践有一个更加明确的认识。

（2）从基础理论上，对创新实践内在结构、外部环境、生成机制、基本特点等重要的基础理论问题进行探讨，从而从更加深刻的层次上剖析和研究创新实践范畴。

（3）从经济学和哲学相结合上，研究价值论、实践价值论和基于创新实践的创新劳动价值论等问题，对创新实践的价值创造、价值度量、价值分配等问题进行比较深入的探讨，为解决传统劳动价值论和现实实践之间的结合问题提供探索性的思路，从而为经济学和哲学在相关领域的进一步发展做一些探索性的工作。

（4）从哲学上，研究创新实践对马克思主义认识论和唯物史观的深化，进而对社会历史主体、社会发展动力、历史规律等进行创新实践基础上的试探性诠释。

（5）从发展理论上，对于创新实践的本质及其在发展中的重要作用进行分析，以期建立基于创新实践的发展理论，探讨当代中国科学发展的意义。

（6）在研究这些问题的基础上，力图向人们展示一个以创新实践为主线的理论体系。

本书始终坚持"以问题为中心"的方法，力图围绕上述问题进行分析和论证。我不敢奢望能够对创新实践问题的研究做出多大贡献，如果能够为他人对这一问题的进一步研究奠定一点基础，甚至树立一个可供批判的靶子，那么，本书的研究目的也就算达到了。

（二）研究方法

从一定意义上说，哲学研究本身就是一种方法，但是本书又不仅仅限于哲学领域，因此所采用的研究方法也不仅仅限于哲学方法。为了更好地研究创新实践问题，本书采用了多种研究方法，试图从多个视角对这一问题进行分析。

1. 历史考察和逻辑分析相统一的方法

历史的方法是马克思主义哲学的一个基本方法，它的应用不仅仅限于研究哲学问题。根据唯物辩证法的基本原理，所有的事物都是发展的和变化的，因此，在此基础上抽象出的所有的范畴和理论都应该是发展的和变化的。既要尊重事物在一定发展阶段上其本身所固有的属性，这是实事求是；又要尊重事物已经发生的和正在发生着变化的事实，这也是实事求是。这就是历史的方法。在本书的研究中，许多地方都运用了这种方法，例如，从对实践发展史的考察开始到对创新实践本身发展史的分析，无不渗透着实事求是的历史精神。不仅如此，包括对某一事实和现象的评价，本书也采取历史的态度。例如，对于"剥削"问题，采取具体问题具体分析的方法，并和一定的历史发展阶段相联系进行考察，而不是简单地、抽象地进行事实判断和价值评判。

历史的方法并不排斥逻辑的方法，二者是相互统一的关系。一般来讲，逻辑和历史应该是一致的，历史从哪里开始，逻辑就应该从哪里开始。但是，由于历史本身是纷繁复杂的，我们的认识能力不允许我们事无巨细地进行分析。而且很多历史事件已成为过去，不可能重新展现在我们面前，这从客观上排除了我们完全认识所有历史的可能性。不仅如此，对于一些尚未发生的事情，我们也无法运用历史的方法进行分析。在这样的情况下，仅仅依靠历史的方法就显得有点不够了，在尊重历史的基础上，我们还要根据已经掌握了的事实和规律对未知的事情进行推论，这就是逻辑的方法。逻辑的方法是一种抽象的方法，它虽然并不能给我们提供活生生的事实，但是对于我们把握事物的本质和发展规律具有十分重要的意义。

离开历史的方法，我们的认识是无源之水，很可能严重偏离实际，成为纯粹的精神运动。离开了逻辑的方法，我们的认识只能局限于当前的经验、表面的现象，不能深入本质、把握规律，因而也就根本无法体现出理论对实践的预见性、超前性和指导作用。本书在尊重历史的前提下坚持了逻辑的方法。

2. 个案研究和比较研究相结合的方法

为了深入研究一个问题，我们有时还需要采用个案研究的方法。本书就运用了这种方法，例如，在创新实践基础上对我国分配制度进行的个案分析。个案研究对于深入研究一个具体的问题是必不可少的，但是在研究共性现象时就显得勉为其难了，这个时候就需要比较研究，从多个角度考察问题，以获得认识的深化。这也是本书常用的方法，例如，对创新实践与常规实践、创新与创新实践、创新实践与创新活动、创新实践与知识实践、创新实践与精神实践等的比较研究。

3. 定性研究和定量研究相结合的方法

定性研究是任何问题研究的起点，只有定性成功，研究的方向才正确。定量研究是研究的进一步深化，只有建立在定量研究基础上的定性研究才最具有说服力。本书中采用了定性研究和定量研究相结合的方法，例如，在关于创新实践的价值创造问题上，我们不仅定性地确定"创新劳动要创造更多的价值"，而且还给出了"创新劳动所创造价值"的度量方法。

三、相关问题研究状况

创新实践固然是我们的主要研究对象，但是，我们的研究又不能仅仅局限于此，否则就无法达到对创新实践的全面认识和准确把握，因为创新实践概念的提出本身就是一个过程，它和其他一些概念有着千丝万缕的联系。可以说，在正式提出和使用这个概念以前，人们早就开始关注创新实践问题，只不过使用的概念不是"创新实践"而已，例如，创新活动、创新性实践、创造性活动、创造性劳动、创新行为、创新行动、创新等等，尤其是在创新理论和实践理论中有很多方面都涉及了这一问题。因此，我们在分析问题、研究状况的时候，要对创新理论和实践理论的研究状况进行考察，分析提炼其中所隐含的创新实践思想，这是十分有必要的，不仅仅是因为它们之间存在着天然的联系，而且是因为这符合人们对创新实践问题认识的历史。

（一）创新理论研究状况

随着世界创新浪潮的掀起，"创新"已成为出现频率极高的一个词语。人们从哲学、工程学、心理学、社会学、经济学等不同的学科角度，对"创新"概念进行着不同的阐释。作为一种带有探索性的特定的人类实践活动，创新赋予人们创造性地变革自然和人类自身的能力。人类社会的发展史就是创新能力不断提升的历史。从最初的石器、铜器、铁器，到蒸汽机、电动机，再到今天的计算机、航天器、因特网，人类的创新经历了由现成的宏观物质世界，向宇观世界和微观世界的漫长发展；经历了由以物质为中心，到以能源为中心，向以信息（知识）为中心的发展历程。当然，人们对创新本身的认识也需要一个过程。

美籍奥地利经济学家熊彼特是最早把"创新"这个概念引入经济学

的人，他被公认为创新理论的开山鼻祖。然而，创新思想并不是从熊彼特那里才开始产生的。

早在 1776 年，古典经济学家亚当·斯密发表了《国富论》一书，他在这本书中提出了这样的观点：国家的富裕在于分工，而分工之所以有助于经济增长，一个重要的原因是它有助于某些机械的发明，这些发明将减少生产中劳动的投入，提高劳动生产率。亚当·斯密虽然没有明确提出"创新"这个概念，但是他显然已经隐隐约约地看到了制度创新（分工）和技术创新（某些机械的发明）对经济增长的重要作用，以及制度创新对技术创新的推动作用（分工之所以有助于经济增长，一个重要的原因是它有助于某些机械的发明）。

尽管马克思和恩格斯都没有明确提出过创新理论，也没有对于创新问题的专门论述，甚至根本就没有使用过"创新"这一字眼，但是，在他们的著作中包含着丰富的创新哲学思想。对于这一点，创新理论的大师熊彼特本人也不否认，他明确表示过自己的理论体系源于马克思："这一概念和目的是和构成卡尔·马克思经济学基础的概念和目的完全相同的"①，也就是说，他和马克思都认为生产方法的不断变革是资本主义的一个基本特征。早在 1848 年的《共产党宣言》中，马克思和恩格斯就指出："资产阶级除非对生产工具，从而对生产关系，从而对全部社会关系不断地进行革命，否则就不能生存下去。"② 这就是说资产阶级必须不断创新，进行技术创新（对生产工具进行革命）和制度创新（对生产关系进行革命），否则它就不能够生存。作为马克思主义"根本的理论基础"③ 的唯物辩证法就内在地包含着创新思想。马克思指出："辩证法在对现存事物的肯定的理解中同时包含对现存事物的否定的理解，即对现存事物的必然灭亡的理解；辩证法对每一种既成的形式都是从不断的运动中，因而也是从它的暂时性方面去理解；辩证法不崇拜任何东西，按其本质来说，它是批判的和革命的。"④ 革命性和批判性本身就要求置疑和扬弃现有的理论和事物，也就是要否定旧理论、获得新

① 熊彼特. 从马克思到凯恩斯十大经济学家. 南京：江苏人民出版社，1965：3.
② 马克思，恩格斯. 马克思恩格斯选集：第 1 卷. 2 版. 北京：人民出版社，1995：275.
③ 列宁. 列宁选集：第 2 卷. 3 版. 北京：人民出版社，1995：278.
④ 马克思，恩格斯. 马克思格恩斯选集：第 2 卷. 2 版. 北京：人民出版社，1995：112.

认识，打破旧世界、建立新世界，而这实质上就是创新。

熊彼特吸收了马克思、恩格斯的创新思想，创立了自己的创新理论。他是在 1912 年出版的《经济发展理论》一书中首次提出这一理论的。后来，于 1939 年和 1942 年，又分别出版了《经济周期》和《资本主义、社会主义和民主主义》两本专著，对他以前提出的创新理论进行了补充和完善，并以创新理论为基础，综合表述了他在哲学、政治学、经济学等方面的思想。

熊彼特把"创新"的本质界定为一种由企业家为获取超额利润而实施的经济行为，即"所谓创新是指一种生产函数的转移"或者"生产要素和生产条件的一种重新组合"并"引入生产体系使其技术体系发生变革"，以获得"企业家利润"或"潜在的超额利润"的过程。他把"创新"或"执行新组合"分为五种情况：①开发一种新产品；②采用一种新的生产方法；③开辟一个新的市场；④掠夺或控制原材料或半制成品的一种新的供应来源；⑤实现一种工业的新的组织①。有的学者认为熊彼特的"创新"就是技术创新，我认为这种观点是值得商榷的。这五种情况实际上已经包含了技术创新（①和②）、管理创新（③和④）以及制度创新（⑤），只不过由于历史的局限，熊彼特并没有明确使用这几个概念而已。后来，熊彼特又把"创新"理解为资本主义的实质，并进一步把"创新"解释为一个创造性破坏的过程：创新就是"不断地从内部使这个经济结构革命化，不断地破坏旧结构，不断地创造新结构。这个创造性破坏的过程，就是资本主义的本质性的事实"②。

熊彼特以"创新理论"为核心，研究了资本主义经济发展的实质、动力与机制，探讨了经济增长和经济发展的模式和周期波动，预测了经济发展的长期趋势，提出了独特的经济发展理论体系。他认为经济发展不是由外部推动的，而是来自资本主义经济内部，是"创新"的结果；而资本主义的灭亡和社会主义的胜利，正是由于"创新"的减退和消失。

在熊彼特那里，"创新"主要是一个经济学术语，创新的本质也主要是从经济学的角度进行界定的，创新始终是和利润相联系的。

在熊彼特之后，创新理论主要是沿着两条路线发展的：技术创新学

---

① 熊彼特. 经济发展理论. 北京：商务印书馆，1990：73-74.
② 熊彼特. 资本主义、社会主义和民主主义. 北京：商务印书馆，1979：147.

派和制度创新学派。前者以索洛、曼斯菲尔德、施瓦茨等为代表，他们从技术的创新与模仿、推广、转移的关系等角度对技术创新进行了深入的研究；后者以科斯、诺斯等为代表，把创新与制度结合起来，研究制度因素与企业技术创新和经济效益之间的关系，强调制度安排和制度环境对经济发展的重要性。

20 世纪 90 年代以来，世界经济由工业经济转向知识经济，高科技产业成为各国经济增长的主要源泉，创新就成了经济增长、产业发展、企业竞争力增强以及人们生活水平提高的主要动力，再加上经济全球化浪潮的兴起，人们对创新问题的研究更加重视，创新理论也就获得了新的生机，国家创新系统理论在这种背景下应运而生。

除了马克思以外，西方大部分学者的创新理论主要集中于经济领域，很少涉足经济学以外的领域，而且这种思想深深地影响着中国学术界对创新理论的研究。

在这股世界创新浪潮中，我国的学者也时刻关注着创新问题、研究着创新理论，主要是沿着两条路线进行的：一个是介绍和引进西方的创新理论，用于分析中国的现实问题；另一个是创立自己的创新理论。这些研究也取得了十分喜人的成果，尤其是国家领导人对这一问题的重视，使创新理论得到了前所未有的发展。鉴于中国的创新理论还不是很系统，也很难找出一个或几个代表性的学者和理论，而且学界的一些主要成果也被国家领导人所采纳和吸收，反映在他们的理论创新、具体指示、讲话和决策中，因此，我们主要从几代领导集体的论述中挖掘他们的创新思想。

毛泽东没有专门提出过创新理论，甚至在他的著述中根本就没有出现过"创新"这一字眼，但是毛泽东思想中蕴含着比较丰富的创新思想。他在《实践论》中指出："客观现实世界的变化运动永远没有完结，人们在实践中对于真理的认识也就永远没有完结。马克思列宁主义并没有结束真理，而是在实践中不断地开辟认识真理的道路。"① 这实际上就是理论创新的哲学表述。1964 年 11 月，他在《关于总结经验的指示》中指出："人类的历史，就是一个不断地从必然王国向自由王国发展的历史。这个历史永远不会完结。在有阶级存在的社会内，阶级斗争

---

① 毛泽东. 毛泽东选集：第 1 卷. 2 版. 北京：人民出版社，1991：296.

不会完结。在无阶级存在的社会内，新与旧、正确与错误之间的斗争永远不会完结。在生产斗争和科学实验范围内，人类总是不断发展的，自然界也总是不断发展的，永远不会停止在一个水平上。因此，人类总得不断地总结经验，有所发现，有所发明，有所创造，有所前进。"① 这里，毛泽东所说的"四个有所"，实质上就是有所创新。

邓小平共有五次直接提到过"创新"。第一次是 1977 年 9 月 29 日，他会见英籍作家韩素音，在谈到科研和教育问题时说："我们损失了二十年或者三十年的时间，但我们相信中国人是聪明的，再加上不搞关门主义，不搞闭关自守，把世界上最先进的科研成果作为我们的起点，洋为中用，吸收外国好的东西，先学会它们，再在这个基础上创新，那末，我们就是有希望的。"② 第二次是 1978 年 9 月 18 日，他在《用先进技术和管理方法改造企业》中指出："引进技术改造企业，第一要学会，第二要提高创新。"③ 第三次是 1978 年 12 月 13 日，在《解放思想，实事求是，团结一致向前看》这篇重要讲话中，邓小平指出："干革命、搞建设，都要有一批勇于思考、勇于探索、勇于创新的闯将。"④ 第四次是 1979 年 10 月 30 日，《在中国文学艺术工作者第四次代表大会上的祝词》中指出："围绕着实现四个现代化的共同目标，文艺的路子要越走越宽，在正确的创作思想的指导下，文艺题材和表现手法要日益丰富多彩，敢于创新。"⑤ 第五次是 1984 年 2 月 15 日，在视察宝钢的题词中，邓小平指出，掌握新技术，要善于学习，更要善于创新⑥。虽然邓小平直接谈及创新的论述并不多，也没有给我们留下关于创新思想的专门论著，但是他在长期革命和建设生涯中，积累了丰富的创新经验，形成了独具特色的理论创新、科技创新和制度创新思想，丰富和发展了马克思主义创新理论，这些思想散见于邓小平关于其他问题的论述中。

---

①　中共中央文献研究室. 建国以来重要文献选编：第十九册. 北京：中央文献出版社，1996：477.

②　中共中央文献研究室. 邓小平思想年谱：1975—1997. 北京：中央文献出版社，1998：44.

③　邓小平. 邓小平文选：第 2 卷. 2 版. 北京：人民出版社，1994：129.

④　同③143.

⑤　同③211.

⑥　庞元正. 以持续全面创新不断提升国际竞争力：宝钢建设与发展二十三年调研. 北京：中共中央党校出版社，2001：插图 1.

江泽民关于创新的论述比较丰富,形成了相对比较完整的的创新思想体系。在他领导中国共产党和全国人民建设有中国特色的社会主义的十几年中,他通过一系列讲话、报告、文章多次号召全党和全国人民,要"勇于探索,勇于创新"。世纪之交,他高瞻远瞩,高屋建瓴,从实现中华民族伟大复兴的战略高度,提出了"创新是一个民族的灵魂,是一个国家兴旺发达的不竭动力,也是一个政党永葆生机的源泉"①的著名论断,并且阐述了理论创新、体制创新、科技创新、文化创新、创新的动力和源泉、增强全民族创新意识和创新能力等一系列富有远见卓识的重要思想。

以胡锦涛为总书记的党中央把党的创新思想和创新理论推向了一个新的高度,系统完整地提出了"建设创新型国家"的伟大战略,提出了一系列关于创新的思想和观点,例如:实践发展永无止境,认识真理永无止境,理论创新永无止境;我们要始终把改革创新精神作为强大动力,不断激发全社会的创造活力,改革创新精神是改革开放培育造就的伟大精神,也是推进改革开放须臾不可缺少的奋斗精神;只有锐意改革、不懈创新,才能不断开拓事业发展的广阔前景,才能使我们的国家、我们的民族、我们的党不断增添发展进步的蓬勃活力;必须坚持解放思想、实事求是、与时俱进,大力培育改革创新意识、增强改革创新勇气,不断推进理论创新、制度创新、科技创新、文化创新以及其他各方面创新,努力使改革步伐持续迈进、创新成果不断涌现;要坚持贯彻尊重劳动、尊重知识、尊重人才、尊重创造的方针,全面实施人才强国战略,牢固树立人才资源是第一资源的观念,完善适合我国科技发展需要的人才结构,不断发展壮大我国科技人才队伍;要坚持在创新实践中发现人才、在创新活动中培育人才、在创新事业中凝聚人才;等等。

党的十八大以来,以习近平同志为核心的党中央高度重视创新发展。他在多次讲话和论述中反复强调"创新",内容涵盖了科技、人才、文艺等方面的创新,以及在理论、制度、实践上如何创新。2016 年 4 月 26 日,习近平在安徽合肥主持召开知识分子、劳动模范、青年代表座谈会时指出,"面对日益激烈的国际竞争,我们必须把创新摆在国家

---

① 江泽民. 论"三个代表". 北京:中央文献出版社,2001:46.

发展全局的核心位置，不断推进理论创新、制度创新、科技创新、文化创新等各方面创新"。他强调要把创新摆在国家发展全局的核心位置，2018 年 3 月 7 日，习近平参加十三届全国人大一次会议广东代表团的审议时指出："中国如果不走创新驱动道路，新旧动能不能顺利转换，是不可能真正强大起来的，只能是大而不强。"他对科技创新、制度创新、文化创新和理论创新等方方面面的创新进行了充分论述，2017 年 10 月 18 日，习近平在中国共产党第十九次全国代表大会上的报告中指出："世界每时每刻都在发生变化，中国也每时每刻都在发生变化，我们必须在理论上跟上时代，不断认识规律，不断推进理论创新、实践创新、制度创新、文化创新以及其他各方面创新。"

（二）实践理论研究状况

"Practice"起初被人翻译为"实际"，事实上，"实际"是一个佛教术语，是指完全终极的真理和不变的"真如"，是不同于非现实、假象和本身变化的现象。这个翻译与"practice"的真实含义相去甚远，因此，后来有人用"实践"来译"practice"。在哲学大词典中，实践是指人类有目的地改造世界的感性物质活动，是对人类自身社会历史活动本质的概括。在中国传统文化中，实践概念的内涵除了这层意思外，还有"实行、履行"的意思。在中国先秦时，已有些与实践相关的概念，如"行""为""志"等，在后来出现的一些古典文集中，"实践"作为一个完整的概念也有出现，但中国传统文化的"实践"概念，都往往局限于个人的、伦理道德方面的行为。

尽管在亚里士多德之前已经有人探讨过实践问题，比如希波克拉底就曾论述过医疗实践和医学理论的关系，柏拉图也使用过"在实践中"、"在活的生活中"和"在理论中"，并区分过技术制造的知识和教育文化的知识，柏拉图跟毕达哥拉斯学派的欧多克索和阿尔基塔还就理论知识及其应用问题发生过争论，但是，到了亚里士多德，实践概念才作为一个哲学概念被系统阐述。亚里士多德之后，实践概念经历了不同方向的转变，以笛卡儿为代表的近代西方哲学家将实践理解为一种工具理性，认为实践是人们获得知识的一种手段，将亚里士多德的实践仅仅理解为一种"创制"、做试验，片面地发展了他的实践观；以康德为代表的德国古典哲学家则将实践理解为一种道德行为，将实践限定在纯粹的道德领域。

"实践"作为哲学概念是由亚里士多德提出的。在《尼各马可伦理学》中，亚里士多德把人的活动分为"理论"、"实践"和"制作"三种，认为实践是与将来目的的事件相联系的活动，是以自身为目的的自由市民的活动。从而在哲学史上第一次明确了实践的地位。"每种技艺与研究，同样地，人的每种实践与选择，都以某种善为目的。所以有人就说，所有事物都以善为目的……由于活动、技艺和科学有许多，它们的目的也就有多种。"① 在该书中，亚里士多德多次强调实践与目的、善之间的直接联系，"德性的实现活动都是人的实现活动"②，亚里士多德从自然本体论的思维角度出发，把实践确定在政治伦理领域，从而成为古代伦理实践理论的最大代表。亚里士多德通过对实践最本质规定的揭示，说明实践作为人的存在方式是趋向自由的自我实现过程，并在趋向自由的意义上把思辨看作实践的最高形式，展示了实践之于人的自由和幸福的价值和意义，为其后实践哲学的发展提供了理论路径。

亚里士多德的实践观对于后世的影响是深远的，例如，以培根为代表的近代哲学家把工匠的各种手艺同对自然的认识和实验一起列入实践的内涵，把实践看作人类征服自然的手段，将实践降低到功利性的技术层面，看作是一种纯然的技术活动，形成了一种经验（功利）主义的实践观。与此相反，作为德国古典哲学的奠基者，康德则继承和发扬了亚里士多德实践观的超验维度，将实践限定在道德领域，从道德和善的角度提出"实践"问题，进而以理性为基础形成了一种本体论的实践观。康德在考察人的实践活动时，对实践要素的构成做了一定的分析，提出了"目的"、"行动"和"工具"三个重要范畴，从而构成了他的实践概念的一般性内容。他根据实践的不同目的，把实践划分为三种类型：技术的实践、实利的实践和道德的实践。康德对实践的探讨，是从抽象的定义出发，把人的本质归结于理性，从人的主观能动性的角度对实践进行阐释。在他看来，实践是在理性指导下的活动，实践离不开认识，但实践理性高于理论理性，可以超越理论理性的界限。实践有直接的现实性特点，它活动于感性世界之中，并且实践具有创造性，实践行为可以

---

① 亚里士多德. 尼各马可伦理学. 廖申白，译. 北京：中国人民大学出版社，2003：4.
② 同①308.

把理性转化为现实。康德的实践观是以人格的二重性（有理性的感性存在者）和人的实践的二重性（受理性指导的感性活动）为基点、为线索充分展开的，是一种本体论的实践观。

费希特的实践理论就是为消除康德实践理性理论的内在矛盾，进一步从机械因果性中解放人实践的目的而建立的。他站在属人世界的立场，从人是完全自由的主体出发，认为人自己创造了属于人自己的世界。这一思想表达在下述三个命题中："自我设定自我本身""自我设定非我""自我与非我的统一"。费希特哲学把客体归并于人的世界，完全否认了自然实体的作用。它从人创造自我与非我的统一的矛盾中意识到，这种创造活动可以出于自由因而非自然因，然而却不能仅限于理智活动，必须同时依赖实践活动。费希特认为实践是符合自我本性的行动。人作为有限自我，本来是绝对自我自身设定的产物，既是有限的，又是无限的；既有以外物为目标的感性冲动的一面，又有以自身为目的的纯粹冲动的一面。实践就是有限自我所做的一种无限的努力，它争取远离感性冲动，接近纯粹冲动，或者使感性冲动受纯粹冲动所主宰，从而超脱非我的阻碍以恢复绝对自我的自由。可见，只有理论活动（自我设定自身为非我所决定）和实践活动（自我设定自身为决定非我者）相结合，才能建立自我与非我的统一。因而费希特突出了人的行动在创造活动中的作用，提出自我不单是认识的主体，也是行动的主体，要用"行动"同非我抗争。这表明，人们对自身主体性的意识已突破观念世界与实在世界相矛盾的圈子，开始进入建立在人的现实活动基础上的主体与客体相矛盾的世界。

黑格尔也是近代理性实践理论的集大成者和最高成就者，并成为马克思实践观点的直接来源。黑格尔实践观的基本思想，主要散见于《精神现象学》《逻辑学》《历史哲学》《法哲学原理》等著作。概括起来，黑格尔是从以下几个方面来论述实践的：第一，黑格尔在前人实践理论的基础上，更进一步说明了理论理性和实践理性的辩证关系，这两种活动单就自身而言都是有局限的，只有把二者统一起来的无限过程才能达到"善"；第二，黑格尔以对立统一关系原则为标准，把认识活动与实践活动的关系同人与自然的关系联系起来，从而使德国古典哲学关于实践的研究提高到了一个新境界，他把人与自然的关系划分为三个阶段："'精神'汩没于'自然'之中"阶段、自由意识阶段、精神性本质的自我意识和自我感觉阶段；第三，黑格尔还从人与人的关系出发，指出人类的实践（精神性）是一个长期的、曲折的、艰难的过程；第四，黑格尔认为，在历史实践领域中，人是历史的主体，历史是许多个人活动的产物，而人的活动又是由其主观意志推动的。唯物史观认为，正是人们最基本的物质利益的需求，才真正构成了人类社会发展的原始驱动力，推动了人类历史的进程。黑格尔恰恰看到了这一点，把人们追求物质利益的"恶劣的事情"看作历史发展的真正动力，这与历史唯物主义的思想显然是十分接近的。

费尔巴哈的感性实践理论在一定意义上成为黑格尔理性实践理论与马克思实践思想的中间环节。费尔巴哈在批判德国思辨哲学，特别是黑格尔哲学的过程中，创建了自己"回到事情本身"（费尔巴哈语）的实践理论。由于费尔巴哈反对思辨理性哲学，反对绝对，所以他竭力要把哲学从天上拉回到人间，从绝对理性基础转变到感性基础之上。费尔巴哈把人理解为具有思维、理性的感性存在，并且把实践定义为具体感性活动，把实践理解为单纯满足"吃喝""享受"的活动，将思维理性与感性活动对立起来。费尔巴哈把"实践倾向"作为自己哲学的特征，呈现出马克思实践哲学的萌芽，这表明了从费尔巴哈人本主义上升到马克思实践哲学的客观逻辑发展的必然性。

马克思实践思想是德国古典实践理论合乎逻辑的继续，是人类哲学史的根本变革。在哲学上，马克思反对以传统哲学的思维方式说明人的自由，坚持以实践的思维方式说明人的自由。与传统哲学的思维方式不同，实践的思维方式直接面对人的创造活动、人的自由，把人的创造活动、人的自由理解为感性的生活世界。实践正是人的自由自觉的感性活动，是在人与自然对象性活动的关系中呈现出来的人与人的关系，是在人与人的社会关系中表现出来的人与自然的关系。马克思彻底摈弃了关于人的本质论的形而上学传统，从历史生成论的视角去理解人类社会的实践和历史。

自马克思以后，马克思主义哲学家们在不同程度上丰富和发展了马克思的实践思想。19世纪后半叶，拉布里奥拉、拉法格都反对以传统形而上学的思维方式来理解马克思的实践思想，强调马克思的实践思想的基础不是自然界，而是人类历史本身。所谓历史，就是人类社会生活的整体，是人的文化创造活动，是人的感性活动过程。然而，这一阶段最重要的还是意识到方法论对于理解马克思实践思想的关键意义。拉布里奥拉把马克思实践思想称为"实践哲学",指出"实践哲学"最重要的是方法问题,因为哲学面向历史是要揭示历史本身。20世纪,西方马克思主义哲学家们发展了拉布里奥拉的思路,对历史唯物主义做了本体论的阐释。葛兰西从政治的上层建筑入手,通过对市民社会的文化内涵的发掘,建立了马克思的实践本体论;卢卡奇早年阐发了马克思哲学的意识形态理论,晚年又以劳动为核心范畴,阐发了马克思哲学的社会本体论。经过葛兰西、卢卡奇等马克思主义哲学家的工作,马克思哲学转向了文化批判哲学,于是,市民社会批判、大众文化批判等一些批判现代性的重要课题也被纳入了马克思哲学的研究视野。

从马克思哲学的实践观点的创立到历史主义方法的阐发,再到对马克思实践思想做本体论的阐释,我们可以清楚地看到,实践哲学是西方马克思主义哲学家们为当代人建构的一种哲学新样式。这种哲学具有三个特征:第一,以人性、人的自由、人的文化创造性活动为其本体论基础;第二,坚持历史理性的方法论原则;第三,强调人类历史进步和人的全面而自由的发展是一个有机统一的过程。

(三)创新实践研究状况

从目前所掌握的材料看,墨西哥哲学家阿道夫·桑切斯·巴斯克斯最早从哲学层面对实践进行本质性考察和区分,明确提出创新实践与常规实践的划分和研究问题。1972年,巴斯克斯在其《实践的哲学》一书中,专辟一章阐述"创造性实践和重复性实践"。在此,他明确指出:"根据人们的实践活动所改变的对象或物质,可以把社会实践的总体分为各种不同的部分。由于人们……作为主体活动对象的物质在实际生产中被创造或人化的实现程度",即"主体活动的产物所体现的创造性程度",可以把实践划分为创造性实践和重复性、模仿性实践[①]。但是,巴斯克斯在此也只是侧重于从"实践"的自觉性、革命性和能动性视角粗略地考察其本质区分问题,未能进一步做深入系统的考察和研究。由于其理论受到南斯拉夫实践学派的影响,因而局限于从异化理论出发探

---

① 巴斯克斯. 实践的哲学. 白亚光, 译. 哈尔滨:黑龙江人民出版社, 1987:218.

讨创造性实践与机械实践的对立与矛盾，抽象地批判了资本主义生产方式和旧式分工。从国内哲学界的研究情况来看，国内对创新实践问题的研究起步较晚，对相关问题进行较为严谨研究的最早见于庞元正、关壮民主编的《以高起点的创新赢得竞争优势》一书。该书通过对上海宝钢发展道路的调查研究和经验总结，第一次明确提出了以技术创新、管理创新和制度创新推动发展是我国实行工业现代化的必由之路①。其后在肖前等人主编的《实践唯物主义研究》一书第四章"实践范畴的再认识"之"实践活动中规范和创新的矛盾及其科学解决"中，赵剑英提出规范和创新是人类活动中的一对矛盾，并对创新与规范的辩证关系做了初步的论述②。此后，有关创新实践问题的哲学研究才缓慢地展开，一些研究论著零散地发表、出版，虽然 2006 年政府提出了"建设创新型国家"的发展战略，创新问题研究迅速升温，但哲学视野中的创新实践研究仍显单薄。具体来看，目前国内哲学界关于创新实践问题的研究主要集中于以下几个方面：

1. 关于创新实践研究的重要意义

在当今时代，创新已经成为表征时代精神的一个重要范畴，从理论上研究创新实践范畴并对其进行深入研究已经成为时代的要求。学术界不少同人已经看到了这一时代课题，并且从理论上呼吁对这一问题进行深入研究。例如，中共中央党校的庞元正教授在《辩证唯物主义研究》《马克思哲学与当今时代》《创新实践：马克思主义哲学研究的重大课题》等中提出，马克思主义哲学要成为"自己时代精神的精华"，必须紧紧围绕和紧扣创新这一时代精神，通过创立体现创新的哲学范畴和原理，建构马克思主义哲学的当代形态——创新实践唯物主义。在《创新实践：马克思主义哲学研究的重大课题》中，庞元正教授更是明确地指出："实践的观点是马克思主义哲学最基本的观点，当代马克思主义哲学的发展离不开实践的发展，离不开实践观点的发展。上世纪 70 年代以来，新技术革命蓬勃兴起，科学理论不断实现新的突破，社会体制创新成为世界各国共同面临的课题，创新成为时代精神的集中体现，成为

---

① 庞元正，关壮民. 以高起点的创新赢得竞争优势. 北京：中共中央党校出版社，1995.

② 肖前，李淮春，杨耕. 实践唯物主义研究. 北京：中国人民大学出版社，1996：171-174.

当代人类社会实践的主导形式。正是在这样的时代背景下，创新实践不仅成为马克思主义哲学研究不容回避的重大课题，更成为马克思主义哲学发展的源头活水。"①

2. 关于创新实践概念的界定问题

对于创新实践概念的界定问题，学术界从不同的角度进行了研究。有的学者从相对于常规实践的角度来进行界定，例如庞元正、董振华、陈力、杨启国、田辉、刘士文等人，他们在《马克思哲学与当今时代》《创新理论与马克思主义哲学的新发展》《创新实践：马克思主义哲学研究的重大课题》《创新实践论》《创新实践认识论》《创新实践发展论》等中提出：以往的哲学只是从实践的不同领域区分实践的不同形式，而对于同一领域实践质上的差异缺乏分析，根据创新理论可以把实践区分为常规实践和创新实践两种质上不同的实践类型。常规实践，是实践主体对已有实践的继承、模仿和重复，从实践的方式、手段、对象和效果来看，与原有的实践具有同质性。重复性是常规实践的基本特征。创新实践，是实践主体在已有实践基础上开展自觉、能动的创造性活动，在实践的方式、手段、对象、程序或者实践的效果等方面，实现对原有实践的破旧立新和推陈出新。不可重复性是创新实践的基本特征，即创新实践一经变为可仿效、可重复进行的活动，就不再是创新实践而开始转变为常规实践了。常规实践是一种既成的人类行为方式，是对既有实践的重复进行，对于人类维持生存和社会生活的正常运转是不可或缺的；创新实践则是充满变化的创造性活动，在一定意义上和一定范围内，不是对已有实践的简单重复，而是对原有实践模式的突破，其所产生的结果是前所未有的。同时，常规实践和创新实践的这种划分绝不是静止的和绝对的，常规实践与创新实践处于不断的相互对立、依存、转化和促进的辩证运动之中，创新实践总是在一定的常规实践基础上才得以可能，没有完全脱离常规实践的创新实践；而创新实践的模仿、复制和社会化推广，又会使创新实践成为普遍化和主导化的新的常规实践，在新的常规实践之上又诞生新的创新实践，由此循环往复、螺旋式上升，不断推动实践活动的前进和发展。

还有的学者从与重复性实践相比较的角度对创新实践概念进行界

---

① 庞元正. 创新实践：马克思主义哲学研究的重大课题. 人民日报，2006-09-08.

定。目前学界大部分学者持此观点，主张以实践结果或实践成果所包含的重复性因素和创造性因素的多少为依据，把实践划分为重复性实践和创造性实践。例如，蔡的贵、李继武等学者在《邓小平创新实践观论析》《创新及其本体论基础和人本质论根据》等中提出创新性实践与重复性实践的概念，马万令在《创造性实践：理论创新的基础》中提出创造性实践与模仿性实践的概念，颜晓峰在《创新论》《创新的实践检验与评价》等论著中主张实践可分为重复性实践与开创性实践，等等，其内涵和划分大致相同，仅在概念上稍有区分而已。创造性实践与重复性实践，都对物质生产和科学实验的发展进而也对社会发展起着重要的推动作用，二者相互依存、相互包含、相互渗透，在一定条件下相互转化。

还有的学者根据实践发展的不同阶段，对创新实践进行界定。例如，同满宏在《实践的创新和创新的实践》等文中指出，从历史维度来看，人类主体的实践创造性经历了从模仿复制形式自发创造到对客体的自觉创造再到对客体的自由创造三大阶段，从逻辑视角看，这三个阶段呈现出从低级到高级依次递进的关系，自由创造实践是人类实践的高级形式。在人类 20 世纪的伟大社会变革中，无论是社会主义实践还是世界各国的经济社会发展都经历了由自发到自觉、由自觉到自由创造性的历史性飞跃。再如，康永超的"实践方式三变革、四形式"说，他在《科技进步推动下的实践转型及当代趋向》中说，在科技进步推动下，人类的实践方式已经发生过两次重大变革，即由远古社会的依附性实践方式转变为古代社会的经验性实践方式，再转变为近代以来的改造性实践方式，当今，将再次经历一个重大变革，即向创新性实践方式转变。创新性实践方式的主要特征为智能化、超前化、交互化和高效化。

3. 关于创新实践的基本形式问题

庞元正、董振华、陈力、杨启国、田辉、刘士文等人在《马克思哲学与当今时代》《创新理论与马克思主义哲学的新发展》《创新实践：马克思主义哲学研究的重大课题》《创新实践论》《创新实践认识论》《创新实践发展论》等中指出，技术创新是生产力自身发展中的矛盾在一定程度上的解决，是生产实践的高级形式；制度创新是生产力与生产关系、经济基础与上层建筑的矛盾在一定程度上的解决，是交往实践的高级形式；知识创新包括自然科学知识的创新和社会科学知识的创新，是社会存在与社会意识、社会物质生活与社会精神生活的矛盾在一定程度上的解决，是科学实践的高级形式。

4. 关于创新实践的性质与功能问题

创新实践与经济、社会发展的关系是经济学、发展哲学探讨的热点问题。技术创新理论的核心是主张技术创新是推动经济增长的重要力量，美国学者 F. M. 谢勒在《技术创新——经济增长的原动力》一书中明确提出，"技术创新是经济增长的最关键动力。因此，未来的关键问题就是能否维持强有力的技术进步"[①]。国内学者也加强了对技术创新与经济社会发展和社会制度变迁之间互动关系的研究，代表性的著作主要有：周其仁的《产权与制度变迁》、尹翔硕的《技术进步与新经济》以及向文华等著的《科技革命与社会制度嬗变》等。而哲学界特别是发展理论和发展哲学学派更是在这一问题上颇有建树、成果丰富，如庞元正、丁冬红著的《发展理论论纲》，王伟光主编的《创新与中国社会发展》，庞元正、杨信礼主编的《哲学视野中的发展与创新》，庞元正、董德刚主编的《马克思主义哲学前沿问题研究》，庞元正、张耀光、边立新等著的《辩证唯物主义研究》等，都明确提出了创新实践是社会实践的高级形式，当代创新实践已经成为社会实践的主导形式，由技术创新实践、制度创新实践和知识创新实践等三大创新实践相互依存、相互促进而有机地构成的社会历史合力系统，已经成为推动社会进步的深层动力。这些相关的理论研究及其成果，揭示了创新实践在社会发展中的重要作用，极大地丰富和发展了马克思主义的实践哲学和社会发展动力理论。

5. 关于创新实践与马克思主义哲学当代形态问题

有的学者看到了创新实践对于马克思主义哲学当代形态建构的重大意义，例如庞元正、董振华的《从创新理论到创新实践唯物主义》《创新实践：马克思主义哲学研究的重大课题》《创新实践与马克思主义哲学创新》《创新实践视域中的哲学创新》，对于这个问题进行了比较前沿的展望与研究，他们认为，创新实践能科学地解答自在自然与人化自然的统一问题，进而才能科学地解决思维与存在的关系问题；事物的普遍联系孕育着创新实践的前提条件，永恒发展的创新实践推动着新事物的

① 谢勒. 技术创新：经济增长的原动力. 姚贤涛，王倩，译. 北京：新华出版社，2001：1.

产生和旧事物的灭亡，从而不断地产生新的联系，创新实践能够最鲜明地体现辩证法的本质；创新实践能够提供人类认识世界的新信息、新知识，加深和拓展对客观事物认识的深度和广度，特别是创新实践要破除与客观事实不相符合的旧观念、旧理论、旧模式、旧做法，发现客观事物的新联系、新属性、新规律，并运用这些新联系、新属性、新规律去有效地改造客观世界，因而，创新实践比常规实践更能体现人类认识世界和改造世界的主观能动性，更能体现实践改造世界的强大功能，是更为高级形态的人类实践形式；创新实践能够最深刻地揭示社会历史的动力机制，最能揭示人的本质，是人的自由全面发展的本质体现；创新实践从更深层次上揭示了马克思主义哲学的革命性本质，因此，也就具备更加强大的时代问题解释功能，在创新实践的基础上能够对马克思主义哲学进行系统创新和发展。

　　总体来说，虽然学术界对创新实践问题的研究仍然处于刚刚起步的阶段，只有为数不多的学术论文发表，但是，这些有限的学术论文中却蕴含着相当丰富的理论创新。在看到学术界已取得的丰硕研究成果的同时，我们还应该看到我们面临的任务还十分艰巨，和实践的需要还有很大的差距。这主要表现在三个方面：一是对创新实践的研究相对现实需要而言还很少，只有有限的几篇文章发表；二是对创新实践的研究领域还有待于拓宽，目前的研究主要是从经济学的角度进行的，而且大量的研究仅仅局限于技术创新实践；三是对创新实践的研究还不系统，需要从经济学、社会学、发展理论、哲学等各个角度对创新实践进行系统研究。本书的写作就是希望能够在以上几个方面有所突破。我相信，随着越来越多的人看到创新实践问题研究的重要意义，越来越丰富的学术成果将会涌现出来。

第一章 实践形态的演变及创新实践范畴的出场

实践是人类自我塑造、自我肯定、自我完善和自我实现的方式，是属人的现实世界生成和存在的方式，是人类社会建构、发展和不断重塑的最深刻的根源。社会发展本质上是作为主体的人的实践能力的提高，是实践内涵的不断丰富、实践范围的不断扩大和实践方式的不断优化，是人类不断从自然和社会中获得解放、追求自由而全面发展的历史过程。可以说，实践是和人类社会相伴始终的，实践的发展和人、人类社会的发展一样是一个历史的过程，实践发展到什么程度，人就发展到什么程度，人类社会也就发展到什么程度；反之，社会发展到什么程度，人就发展到什么程度，实践也就发展到什么程度。

一、人类社会实践形态的历史演变

创新实践不是今天才有的，而是与人类社会相伴始终的，从一定意义上说劳动的开端就是创新实践。随着人类社会的发展，创新实践本身也有一个发展的过程，这既是创新实践水平和复杂程度不断提高的过程，也是创新实践规模不断扩大和速度不断加快的过程，还是创新实践比重不断增大和地位不断提升的过程。

（一）物质生产实践形态

物质生产实践是以自然资源为对象，借助于生产工具，直接从自然资源中获取所需，或对其再加工，以满足人类社会需要的活动。它具有如下的特点：一是以物质的劳动工具为手段，二是以物质资源为对象，三是直接从自然界获取物质资源或加工物质资源，四是实践过程的最后形态是用以满足人类需要的物质产品。

人类社会的劳动一开始主要是物质生产实践形态。为了生存，人类必须首先从自然界取得衣、食、住、行所需要的基本生活资料。这些基本生活资料的获取就是直接依靠物质生产实践来完成的。物质生产实践形态是人类最基本的实践形态，尤其是在工业时代以前更是如此。因为：

第一，生存是人的第一需要。相对于最基本的生存需要而言，人类的其他需要，例如安全需要、精神需要、归属与爱的需要、尊重的需要、自我实现的需要等就居于次要地位。物质资料的生产是人类生存和发展的物质基础，是满足人类最基本生存需要的必要条件。如果没有足够的物质生产实践，就会缺乏必要的生存资料，人类社会就会衰退，甚至灭绝。正如马克思、恩格斯在《德意志意识形态》中所指出的："人们为了能够'创造历史'，必须能够生活。但是为了生活，首先就需要吃喝住穿以及其他一些东西。因此第一个历史活动就是生产满足这些需要的资料，即生产物质生活本身，而且这是这样的历史活动，一切历史的一种基本条件，人们单是为了能够生活就必须每日每时去完成它，现在和几千年前都是这样。即使感性在圣布鲁诺那里被归结为像一根棍子那样微不足道的东西，它仍然必须以生产这根棍子的活动为前提。"① 因此，生产物质资料的物质生产实践对任何社会来说都是必不可少的。而且，越是生产力水平低的社会，人们满足自身生存需要的能力越低，生产物质资料的物质生产实践的重要性就显得越明显。

第二，创新实践对于创造新的使用价值以及开辟新的实践形式固然十分重要，但是对于整个社会而言，仅仅依靠创新实践还是远远不够的，因为它虽然能实现产品质的飞跃，却必须和常规实践尤其是物质生产实践结合在一起，才能更好地实现产品量上的扩张，以满足更多人的社会需求。例如，技术创新实践所获得的新成果只有和物质生产实践相

---

① 马克思，恩格斯. 马克思恩格斯选集：第1卷. 2版. 北京：人民出版社，1995：79.

结合，通过提高已有物质生产实践的生产率或者开辟新的物质生产实践，创造更多的使用价值或者更新的使用价值，才能够体现出创新实践的价值，从而在更高层次上满足更多人的物质需求。对于保障人的生命来说，物质需求始终是第一位的，无论社会发展到什么程度，它都是必不可少的。而要获得物质产品、满足人们的物质需求，直接靠物质形态以外的实践是不可能实现的，其他的实践形态必须要通过物质生产实践来满足人们的这种需要。

物质生产实践的具体形式并不是一成不变的，而是一个不断发展的历史过程。一方面，新的物质生产实践形式被不断地创造出来；另一方面，旧的物质生产实践形式不断地消亡。同时在不同的社会历史发展阶段，物质生产实践的主要形式也是不同的。

最早出现的物质生产实践是狩猎和采集。在原始社会，这是主要的物质生产实践形式，为了追赶猎物、寻找野果地或渔猎场，人们要频繁迁徙，居无定所。此后出现的是种植劳动和畜牧劳动。大约在1万年前，人类创造了作物栽培和动物驯化的实践形式，但是由于生产能力的局限，这些新的实践形式在当时并不占主导地位，而是采猎实践的补充形式，人类物质产品的主要来源仍然是采集、捕鱼和狩猎。人们掌握的农业知识越来越丰富，农业生产形式也逐渐上升为主导的物质生产实践形式。

在此期间，人类发明了磨制石器、陶器和青铜器、铁器等，大大改进了生产工具，扩大了劳动对象，手工业从农业中分离出来，成为独立的生产部门，出现了以手工为主的加工制造业的生产实践。随着现代工业的发展，加工制造业的范围日益扩大，生产专业化程度提高，生产的产业化程度也日益提高，由简单的手工加工发展到机器加工，再发展到自动化控制加工。

在知识经济时代，物质生产实践的比重虽然不断下降，但是生产力水平却在持续提高，因此，物质产品的绝对数量还是得到了极大的增长。物质生产实践的方式也发生了很大的变化，智能化、知识化、网络化、人性化、特色化、艺术化和灵活性日益成为新型物质产业生产模式的特点。相应地，农业生产也发生了变化，由传统农业走向知识型农业，机械化农业走向智能化农业。而且随着科学技术的进步，物质生产实践的具体形式会越来越先进。

（二）服务实践形态

随着社会生产力的不断发展，社会分工和生产专业化程度不断提高，实践的形态逐渐发展，分化出了非物质生产实践。物质生产实践是生产者为创造物质财富而直接进行的活动，它包括一切生产领域中生产者的生产实践和作为生产过程在流通中继续的那部分生产实践（对商品的包装、保管等劳动）。与此相对应的是非物质生产实践，即不直接创造物质财富的一切非物质生产部门的生产者的实践①。其中一个重要的方面就是服务实践形态，即为生产或生活提供服务的实践。服务实践也是社会生产发展之所需，如商品流通、信息咨询、中介服务、餐饮旅游、金融保险等领域的实践活动，这些部门虽然不直接生产物质财富，却为社会提供了必要的生产服务和生活服务，是社会生产和生活的必要领域，其成果是无形的、非物质形态的服务。服务实践以企业和居民为服务对象，提高了社会效率，改善了社会生活质量，也增加了国民财富。服务劳动诞生以后，尤其是到了现代，随着第三产业的崛起，服务实践迅速成为一种主要的实践形态。随着社会的发展，第三产业的地位显得越来越突出，服务实践的地位也越来越显著。

第一，第三产业成为国民经济的重要组成部分，它的发展水平成为衡量现代经济发达程度的重要标志。在发达国家，第三产业占国民生产总值的比重和第三产业的从业人员占就业人口的比重，均达到 60%～70%。例如，1998 年英国服务业占国民生产总值的 67%，1991 年从事服务业的劳动力占总劳动力的 70%；美国 1998 年服务业占国民生产总值的 71%，1991 年从事服务业的劳动力占总劳动力的 71.6%；1989 年德国服务业占国民生产总值的 62%，1991 年从事服务业的劳动力占总劳动力的 57.4%；1998 年法国服务业占国民生产总值的 72%，1991 年从事服务业的劳动力占总劳动力的 64.7%②。

第二，人们的需要显现出多层次化。美国心理学家马斯洛提出了人的需要多层次性，从低级到高级依次是：生理需要→安全需要→社交需要→尊重需要→自我实现需要。人的全面发展日益成为人类社会

---

① 如商业店员、各种服务员、管理人员等，他们的劳动有些也是生产劳动，但相对于直接物质生产劳动来讲，主要是非物质生产劳动。

② 何传启，张凤. 知识创新. 北京：经济管理出版社，2001：84—87.

发展的一个重要目标。随着人类社会的不断发展，人们的需求层次也在不断提高，与此相应产品的概念也在扩大，第三产业的重要性就突显了出来。

第三，在现代市场经济条件下，随着物质生产的生产力水平的提高，生产社会化程度不断提高，生活社会化程度越来越高，分工越来越细，以至出现经济全球化趋势，进而促进了为生产和为满足人们需要的服务部门的不断发展，形成了服务的交换和服务产业化的发展趋势。

服务实践本身也在不断发展，目前随着传统服务业向新型服务业的转变，服务实践也由传统走向现代。许多旧服务实践形式消失了，许多新的服务实践形式诞生了，尤其是与网络有关的服务劳动迅速发展起来。以网络为基础的学校、银行、书店、商店、展览厅、主题公园、爱情小屋、各种俱乐部、探险旅游、情感体验、信息咨询、法律服务、数字化图书馆、数字化期刊等新的服务业提供着新的服务实践。

（三）知识实践形态

"知识实践"是指创造知识、传播知识和利用知识进行的实践。知识实践至少具有三个方面的规定性：一是现代意义上的知识实践是科学技术进步、生产力发展到一定阶段的产物，二是知识实践中智力因素占主导地位，三是知识生产者必须以掌握一定量的知识为前提。知识实践主要有三个方面的内容：一是知识生产，二是知识分配，三是知识转移。知识生产主要是生产新知识，也可以叫作知识创新，例如，基础科学研究实践、应用科学研究实践、技术创新实践、哲学理论研究实践、社会政治关系研究实践、文学艺术创作实践等。知识分配主要是分配知识，即把既有的知识分配出去，例如教育实践、公共信息传播实践。知识转移主要是把知识转让到经济部门和社会部门，使之得到开发和应用，例如生产管理实践、中介服务实践、政府管理实践、卫生保健实践等。知识实践不是独立于物质生产实践、服务实践以外的实践形态，而是内在于各种具体实践的，以知识要素投入为主，其产品包含有较多知识含量的劳动。当代的知识实践主要具有如下特点：

第一，符号化。符号并非绝对脱离于物质而存在，它来自人对物的某种角度、某个层次上的"抽象"。知识的表达往往借助一定的符号，因此，知识实践在一定程度上是符号的处理实践，而这个结果最终要体现在物质生产方面，否则就达不到知识实践的根本目的，因此，在这个意义上，人的知识实践其实也就是在间接地进行着物质生产实践。在知识经济时代，许多实践中介已被自动化机器所替代，知识实践与物质生产实践间隔缩短，有时甚至可以忽略为零，间接实践也就成了直接实践。这里有个非常典型的例子，即波音 777 客机的设计、制造和生产。它的零部件超过 400 万个，其中有 13 万个外形设计和加工是借助于信息技术完成的。

第二，虚拟化。在知识实践中，"虚拟"不是虚假，对比传统实践，如果说其作用的是质料，知识实践则是暂且避开质料，就形式而言的，不是实体性存在，而是功能表达。这样，"虚拟"简单说来就是符号模拟，本身不是物理存在。"虚拟企业"就是描述这样一种状态，将不属于企业的人或设备与企业相连，就好像它们是企业的组成部分一样。由此，不同公司的资源得以优化组合，通过电子连接共同工作，进行"虚拟运作"。一个企业不需要雇用很多的人，也不需要企业所需的工厂和设备，却可以选择、利用外部企业来完成任何一部分活动。整个过程看起来像"天马行空"，可这就是知识实践的特征之一。

第三，超时空。在知识经济时代，自动化、通信网络发展将人从时空的绝对束缚中解放出来。使"网上淘金"更大程度上靠人的"思维能动"。"电脑和通信网络为我们打开了一个全新的时空。信息网络空间将冰凉坚硬的物理三维时空所强加给人们的束缚击得粉碎。"① 距离的意义越来越小，事实上，互联网的使用者完全忘记了距离这回事。在知识实践中，整个时空障碍消失，人们在家中的卧室、写字楼的办公室或大街上的店面中运营着他们各自的业务；他们销售的产品无所不包，有鲜花、游船、旅游服务、调研报告、婚姻介绍。他们是专业工程师、律师，他们是艺术家、音乐家，他们是零售商和企业家，不拘一格。在知识社会中，真正实现了"天高任鸟飞，海阔凭鱼跃"。

第四，智力化。知识并不是感性层次的接触，而只有思维、理性才能驾驭、把握。知识实践要求主体必须有较高的智力水准。正如英特尔公司创办人诺斯所言"这个行业和钢铁、汽车等不一样，它从来不是寡

① 王长友，等. 知识·经济·生存：知识经济中的社会与个人. 北京：中国建材工业出版社，1998：126-127.

头独占的行业。它一直是个脑力劳动密集的工业"①。相比传统实践，"劳动者的劳动不是简单的机械操作和体力消耗，而是复杂的智力劳动和智力的消耗。就业不再是出卖体力，更不是出卖人身，而是出卖智力。"②

第五，创新化。知识实践的本质在于创新，没有创新，知识实践的意义将失去大半。工业经济时代不是不需要创新，但让创新真正成为第一位的、以创新为"本"的却是知识经济时代。知识本身是"死"的，知识实践使它"活"了起来。创新是促成知识经济时代社会发展的内在根据。20 世纪 30 年代，当时的经济巨子莫过于石油大王、钢铁大王、汽车大王等，这是工业经济的典型代表。如现代的经济巨子比尔·盖茨。"淘汰自己的产品"是他们的理念。从新员工第一天上班他们就向其灌输了这样的观念，以后再不断强化。总之，当你刚完成一项伟大产品的开发，你的目标就是继续开发更好的，让你前一个开发变成老旧而废弃的产品，如果你不这么做，就会有人代替你这么做。苹果公司的总裁乔布斯有句经典名言：领袖和跟风者的区别就在于是否创新。

知识实践本身也有一个历史的发展过程。在人类技术活动的经验性阶段，实践经验的整理和运用经验的技术创新，主要是思维外化为新认识的脑力劳动。在人类技术活动和科学研究紧密结合的当代社会，生产力的水平和生产力的发展取决于先进技术的应用，而技术创新在相当大的程度上又是应用科学知识于生产需要的开发性活动，取决于科学水平的提高。这就突出了脑力劳动的作用，使创造知识以及开发知识运用的劳动居于社会生产活动的主导地位，使一般生产活动广泛地、大规模地转变为应用科学知识的生产活动。可以肯定，在未来世界中，从事"知识实践"的人将占到劳动生产者的绝大部分，这一方面是因为维持整个社会良好运行的系统已达到如此高的科技程度，以至离开"知识实践"将成为不可能；另一方面是因为地球可直接利用的自然资源的减少使社会财富的创造更多地依靠知识智能来合理地、创造性地利用自然资源，并直接促进再生资源和新的替代方式的产生，改变已有的生产或生活方式，向更高层次的"自然化"回归。到那时，表面上

---

① 秦言. 关注知识经济：知识经济时代生存与发展策略. 天津：天津人民出版社，1998：38.

② 同①264.

人们的生活简单了，但人们使用的每一件用品、每一个物件都是高科技的产物。因此，"知识实践"将是知识经济时代创造价值的主要劳动形式。

（四）创新实践形态

创新实践形态不是最近才有的，而是和人类社会相伴始终的，自从有了劳动也就有了创新实践，人类的劳动本身就是创新实践的结果。原始人的劳动起始于制造石器。显然，最初制造的石器必然是创新实践的结果，此后人类按照这个模式进行模仿生产的石器就是常规实践的结果，而随后石器制造的改进和使用范围的扩大也包含有创新实践。只不过在原始人上百万年的实践中，创新实践与常规实践没有分离，并且创新实践量占总实践量的比重微乎其微，但这微乎其微的创新实践正是人类进化和发展的决定性因素，是人类社会发展的原动力。在随后人类漫长的发展过程中，创新实践只是偶尔发生，这些创新实践结果就体现为新的工具、操作规程和知识等，极大地促进了人类社会的发展。

工业革命以来，科学家和工程师逐渐成为专门的职业，创新实践也逐渐被分离出来。专利制度的建立可以说是一项伟大的制度创新，它不仅使创新实践成为一项能够得到及时利益回报的专门实践，而且使创新实践与常规实践之间逐渐形成了相互促进的良性循环机制，即一方面创新实践不断地开辟着新的常规实践和改进着已有的常规实践；另一方面常规实践的发展又为创新实践的发展提供着物质的、精神的条件，促进着创新实践的发展。在这一过程中，创新实践不仅绝对数量呈指数增长，而且相对比重也快速提高，以至成为一些行业的主要实践形态，从而导致了知识经济的出现。

在知识经济时代，知识成了一种重要的资源，知识产品成了重要的产品形式。这就要求人们不断地进行知识创新，开发新的知识资源。在这种情况下，创新实践就成了知识经济时代的主导实践形式，因为如果没有创新实践就不可能有对事物本质和规律的新认识，也就不可能获得新知识，生产活动就会因为没有新资源而终止。创新实践对于知识经济来说是决定性的，如果说之前的经济时代，离开了创新实践就不可能有人类社会的飞跃式发展，那么在知识经济时代，离开了创新实践就不可能会有人类社会的发展。

这里所分析的几种实践形态之间并不是并列的关系，也不是先后的关系，而是一种相互交叉并存的关系，对于人类社会的发展和满足人自身的需要来说，都是不可或缺的，但是在不同的历史时期，它们在人类社会生活中的地位是不同的。

二、创新实践范畴的提出

创新实践是一个全新的概念，它既不同于创新，也不同于实践，更不是创新和实践两个词语的简单叠加，而是一种具有创新性质的实践，是从一个全新的视角对实践进行的重新审视和研究。虽然，创造性是人类实践的一个特点，但是并不是所有的实践都是创新实践，只有那些具有创新性质的实践才是创新实践，它集中体现了人类实践的本质属性和积极意义。

（一）创新实践范畴提出的重要意义

没有革命的理论，就没有革命的行动，为了避免"盲动"，我们必然要积极进行理论创新以引导社会实践。提出"创新实践"范畴，将创新实践与常规实践加以区分进行研究，具有重大的理论意义和实践意义，既是马克思主义理论创新的需要，也是当今现实的实践需要。

首先，创新实践已经成为一种常见的实践形态，而且将逐渐上升为主导实践形态，这是提出创新实践范畴的客观物质基础。马克思主义研究大体有两种：一是"照着说"，旨在捍卫；二是"接着说"，意在发展。不论是"照着说"还是"接着说"，我们都应以把握马克思主义的精神实质为前提。真正地坚持马克思主义是在发展基础上的坚持，否则，抱着"马克思主义"不放，其行为本身已经是非马克思主义了，再固执己见实质上就是反马克思主义。本书提出"创新实践"这个概念就是按照马克思主义的基本原理，结合时代背景"接着说"。马克思对实践的研究和划分是基于资本主义工业时代的实际进行的，在他所生活的那个时代，虽然创新实践对社会、经济的发展也起着十分重要的推动作用，但是由于创新实践还不像今天这样普遍，在总实践中的比重还相对较小，更没有上升为主导实践形态，马克思没有专门提出创新实践范畴并对其进行深入研究，并不影响他的实践理论的科学性和现实解释力。然而，近几十年来，社会现实发生了翻天覆地的变化，知识经济在世界局部范围内已成为现实，并继续发展着，而知识经济的本质就是创新，知识创新、技术创新、管理创新、制度创新等已经成为社会经济的一个重要现象，有力地推动着政治、经济、文化的发展。创新实践已经上升为主导的实践形态，在社会总实践中的比重越来越大①。在这种时代背景下，创新实践范畴的提出势在必行。

其次，实践的观点是马克思主义哲学的基本的首要的观点，正是通过实践观点的确立与运用，马克思把自己的新哲学和一切旧哲学区分开来。那么，在创新已经成为时代精神的当今时代，提出并确立创新实践范畴对于马克思主义哲学的当代化，无疑具有重要的理论意义。

再次，经济学、社会学、创造学、科技哲学、劳动科学等其他学科，甚至日常用语都赋予了创新实践一定的含义，可以说，创新实践涉及了社会生活的各个方面，因此，从哲学的高度对这些概念进行提炼、提出创新实践范畴是十分必要的。

最后，提出创新实践范畴有助于深化对马克思劳动和劳动价值理论的认识。马克思在创立科学的劳动价值理论时，为了说明价值的本质和源泉，将劳动区分为具体劳动和抽象劳动两种形态，并揭示出具体劳动创造商品的使用价值，抽象劳动形成商品的价值，深刻阐明了劳动二重性原理，从而建立了科学的劳动价值理论。但是在创新实践成为劳动重要形式的当代，我们仍停留在这一认识水平上已经远远不够了，显然是滞后于实践的。因为今天的社会实践不仅要求我们正确地回答何种劳动能创造价值，而且还要说明不同质的劳动在价值创造中的不同作用，这就有必要对作为创新实践的创新劳动进行专门研究。

（二）创新实践的定义

一般来讲，一个科学的定义应该满足以下条件：

（1）能够揭示此类事物的本质。一个定义必须能够反映事物的本

---

① 关于"创新已经成为社会生活的一种重要现象"，本文在引言的第一部分"问题的提出及意义"中，已经做了相当详细的交代，这里就不再赘述。

质，这是对定义最起码的要求。否则，这样的定义不能被称为定义，最多只能是对事物性质的一些描述或说明。

（2）能够涵盖所有已经发现的此类事物。这也是对一个定义的起码要求，否则这个定义就是不周延的，就会犯定义过窄的错误。如果一个定义不能涵盖以前人们所发现的所有此类事物，那么这个定义肯定是不成立的，因为到目前为止，至少在人们已经发现的此类事物中，存在无法用此定义来定义的事物。那么这样的定义是不完全的，不能作为定义来使用，充其量只能算是对部分此类事物性质的一些描述。这一点是毋庸置疑的，就好比我们不能用"会飞翔"来定义鸟一样。如果用这个定义来定义鸟，那么鸵鸟将被排除在鸟类之外。显然，这样的定义是不能成立的。

（3）所定义的范围只能是此类事物，而不能超出它的外延。这一点也是必要的，否则就会把不属于此类的事物划入此类事物，犯定义过宽的错误。例如，我们不能用"两条腿的动物"来定义人，否则，在此定义的"人"领域内就给鸟类留下了地盘。

（4）必须具有开放性。不仅要反映以前人们对这一事物本质的认识成果，而且还要为人们以后对该事物深层本质的揭示留有空间和指明方向，这是对定义时间方面的规定。

（5）力求定义的简单性和简明性。如果一个定义能够把非常复杂的问题表述得非常准确、非常简明而且非常通俗易懂的话，那么这个定义肯定是一个非常理想的定义，不仅便于我们通过定义对事物本质进行把握，而且避免了对概念歧义性的理解，便于我们研究问题和讨论问题。这里需要重点说明的是，关于定义的这一点要求不是必需的，它并不影响一个定义的成立与否，但是不必需并不意味着不重要，因为它决定着一个定义的质量好坏。

定义的常用方法有两种：一种是描述法，另一种是"种＋属差"的方法。因为创新实践是实践的一种，而在引言中我们已经考察了实践的含义，所以我们没有必要再重新对实践进行界定，更合理的定义方法应该是"种＋属差"。基于以上考虑，我对创新实践下的定义是：

所谓创新实践，是相对于常规实践而言的，是指能够做出创新的实践，即能够做出知识创新、技术创新、制度创新以及其他创新的实践。

而常规实践是不能够做出创新的实践，即在已有的技术、方法、组织形式等条件下，为获得已有种类产品①而进行的实践。

（三）创新实践与相关范畴辨析

为了进一步剖析和认识创新实践范畴的内涵，我们还需要对创新实践和与其相关的其他一些概念，例如常规实践、创新、创新劳动、创新活动等进行比较研究。

1. 创新实践与常规实践

创新实践是突破惯例的思维方式、生产方式、组织方式，创造和运用全新的思维观念、科技知识、方式方法、工艺设计，节约实践时间、降低实践消耗和创造新的使用价值的实践；常规实践是可以模式化、程序化、标准化和重演化的惯例性实践。创新实践难以由自动化机器或电子计算机进行模拟和作业，也不可能由之替代；而常规实践从理论上讲，都可以由自动化机器或电子计算机来代替。人类整体实践水平的提高与产业技术的进步，并不能靠常规实践的不断重复性扩大，也不能局限于个别领域、个别企业、个别生产者的实践水平的进步，而要靠创新实践的社会化、普遍化、主导化和基础化，也就是依靠创新实践不断转化为常规实践的无限上升式循环运动，来推动实践自身的进步和发展。

创新实践与常规实践是对立的统一。在一定意义上，常规实践是对创新实践的重复，创新实践是对常规实践的突破；经过一定常规实践则进入创新实践，又经过新的常规实践进入新的创新实践。重复、创新，再重复、再创新，往复无穷。同时，有些常规实践或多或少含有一定的创新因素，它的积累达到关节点时，就会变为创新实践；随后又在新的常规实践中开始创新因素的积累，并逐步变成新的创新实践。量变、质变，再量变、再质变，往复无穷。而且，任何常规实践都是对一定创新实践的肯定，任何创新实践都是对一定常规实践的否定；新的常规实践又是对新的创新实践的肯定，而更新的创新实践则是对新的常规实践的否定。肯定、否定，再肯定、再否定，往复无穷。创新实践与常规实践

---

① 这里的"产品"概念是一个广义的概念，并不仅仅局限于经济学领域，尤其是不局限于物质产品，而是人类劳动的产物。例如知识劳动提供的知识、科技劳动提供的技术、服务劳动提供的服务、管理劳动提供的管理等。

之间这种循环往复、持续无穷的辩证运动，推动着生产力和人类社会的不断发展和进步，并通过创新实践及其成果，特别是重大创新成果实现着跃进式发展和革命性进步。

创新实践的不断复制和社会扩散，是靠常规实践来完成的。也就是说，常规实践是对创新实践的模仿、复制和社会化推广，这便会使创新实践成为普遍化和主导化的实践。所以，从某种意义上说，创新实践是改变实践的质的属性，而常规实践则是改变实践的量的属性。当常规实践的量的积累达到一定点及社会对它的掌握达到一定熟悉程度时，就形成社会平均的实践熟练程度和实践强度的社会劳动，再加上现有的社会正常的生产条件，这种劳动就是社会必要劳动，商品的"价值总是由社会必要劳动计量的"①。但是，马克思进一步指出，商品要能"按照它包含的社会必要劳动来出售，耗费在这种商品总量上的社会劳动的总量，就必须同这种商品的社会需要的量相适应，即同有支付能力的社会需要的量相适应"②。因而，常规实践的量的积累并不是无限制的，常规实践过分地模仿和重复就会出现过剩，从而导致马克思所阐述的平均利润率下降规律的作用或无效劳动的产生，这个问题就要由创新实践来解决。通过创新实践在内涵上、在质上对常规实践进行改造和提升，对常规实践进行"创造性的破坏"，从而使实践在新质上进行，人类社会由此得以不断进步。

2. 创新实践与创新

创新实践作为一个新的哲学范畴，既不同于一般意义上的创新，也不同于经济学上的创新，还不同于哲学意义上的创新范畴。

一般意义上的"创新"是指在前人基础上的一种超越，只要能在前人或他人已有成果上有新的发现，提出新的见解，开拓新的领域，解决新的问题，创造出新的事物，或者对既有成果进行创造性运用，都可以称为"创新"，它既包括为了获得这种超越、突破所付出的努力的过程，又包括通过努力之后所获得的突破性的、超越性的结果，但主要强调的是主体行为的结果。

熊彼特对"创新"从经济学上进行了系统的阐释，他把创新看作企业家的一种经济行为或经济活动，企业家通过自己的活动把一种从未有

---

① 马克思，恩格斯. 马克思恩格斯全集：第23卷. 北京：人民出版社，1972：236.
② 马克思，恩格斯. 马克思恩格斯全集：第25卷. 北京：人民出版社，1974：215.

过的关于生产要素和生产条件的"新组合"引入生产体系，就是建立一种新的生产函数，就是一个"不断地破坏旧结构，不断地创造新结构"的过程，一个"创造性的破坏过程"，从而达到对超额利润的获得。熊彼特之后，创新概念的使用超出了经济学领域，逐渐成为一个在科学和实践中广泛使用的概念，成为一个需要从哲学高度进行认识和界定的范畴。

哲学意义上的创新范畴是指对与客观事实不相符合的旧观念、旧理论、旧模式、旧做法的新突破，对客观事物的新联系、新属性、新规律的发现，和在改造客观世界的活动中对这些新联系、新属性、新规律的实际运用。

创新实践就是创新实践主体实现这种新突破、新发现、新运用而进行的有目的的人类劳动。可见，创新和创新实践的关系是：如果把创新理解为过程与结果的统一，那么创新实践就是其中脑力和体力支出的过程，这其中的结果就是创新实践的结果。

3. 创新实践与创新劳动

创新劳动也不同于创新实践。我们知道，劳动和实践具有这样的关系：社会实践是一种具有无限丰富内容的人类社会活动，而劳动只是其中的一个重要的方面。同样，创新劳动也是创新实践的一个方面，从属于创新实践。创新实践具有更大的外延，除了创新劳动以外，还包括其他的创新性的实践，例如创新消费、创新生活、创新学习等。

从另一个角度来看，实践是相对于认识而言的，和人们获得知识的活动不可分割；而劳动是相对于休闲而言的，是和生产紧密联系在一起的。创新劳动当然也和生产分不开，一种活动即使具有很大的创新性，但是如果它不能直接或间接地应用于生产，为满足人们的精神需要、物质需要和社会需要而提供精神产品、物质产品或制度供给，那么这样的活动不能称之为创新劳动。

虽然，创新劳动不是创新实践的全部内容，但是创新劳动是创新实践的主要内容，因此，它也具有创新实践的一些基本功能，例如创新劳动也是新认识的来源，是认识发展的动力，是检验真理的标准等。

4. 创新实践与创新活动

活动是一个意义非常广泛的概念，有着十分丰富的外延。在日常生活、学术讨论以及学术著作中，人们经常使用这一概念。例如，生命活动、主体活动、客体活动、物质活动、精神活动、社会活动、交往活动、经济活动、政治活动、文化活动、宗教活动、生产活动、消费活动、心理活动，等等。

可以这么来说，所有的物质实体和现象都有活动的属性，都处在永恒的运动变化之中。我们可以把活动区分为不同的层次：非生物的活动、生物的活动、人的活动。人的活动从本质上讲是生命活动，是生物的活动，但是它又高于一般的生物活动、生命活动，是具有意识性、创造性、主体性的社会性生命活动。人的社会生命活动是一个多方面、多层次的复杂系统，如个体活动、群体活动、智力活动、体力活动、生育活动、消费活动、心理活动、生理活动、神经活动、医疗卫生活动等等。我们把其中具有创新性质的活动称为创新活动。

由此，我们可以看出，创新实践从属于创新活动，是创新活动的一种重要形式和十分重要的一部分内容，但是并不是所有的创新活动都是创新实践。

三、创新实践是人类实践的高级形式

马克思主义的逻辑起点是"历史的""现实的个人"，历史存在的前提是为了满足人的生存需要的"生产活动"。人出现于开始生产他们所必需的生活资料，亦即"生产着自己的物质生活本身"① 的时候。作为人类能动地改造客观世界的物质活动的实践，在马克思那里被提升为人类社会的属性，实践在其展开过程中造就了"新唯物主义的立脚点"。因此，"实践的观点是全部马克思主义哲学的首要的和基本的观点，实践范畴是马克思主义哲学整个体系的核心范畴"，也是马克思主义哲学区别于以往一切旧哲学的最显著标志之一。"只有立足于社会实践的观点，才能把握和阐明马克思主义哲学的精神实质，才能理解和说明马克思主义哲学在它产生之后的 100 多年里的生气勃勃的新发展。"② 这些观点无疑是对马克思主义哲学本质的深刻揭示，但是，以往马克思主义

---

① 马克思，恩格斯. 马克思恩格斯选集：第 1 卷. 2 版. 北京：人民出版社，1995：67.

② 肖前. 马克思主义哲学原理：上. 北京：中国人民大学出版社，1994：序言Ⅱ.

的实践理论更多的是注重从实践的不同领域区分实践的不同形式，而对于同一领域的实践则缺乏质上异同的分析。如果说在以前的经济时代，由于创新实践还较少，而且常常和常规实践混在一起，因此，人们对创新实践还缺乏切身的感受，对创新实践的巨大社会推动作用还缺乏足够的认识，那么，在知识经济叩响时代大门的今天，创新实践已经上升为主导的实践形态，它也由此成为推动社会发展和革命性变革的主导力量，离开创新实践就根本没有经济的发展和社会的进步，就更谈不上飞跃式发展和革命性变革了。在这种时代背景下，如果我们还不对实践从质的规定性上加以区分，那么我们的理论显然会由于落后于时代而缺乏解释力和引导力，因此，在马克思主义哲学的领域提出创新实践范畴，就成了时代提出的亟待解决的问题，具有重要的理论意义和现实意义。

根据是否具备可重复性，我们可以把实践区分为常规实践和创新实践两种质上不同的实践类型。从实践的方式、实践的手段、实践的对象、实践的效果来看，常规实践与原有的实践具有同质性。创新实践作为一种特殊的实践形式，在实践的方式、实践的手段、实践的对象、实践的程序、实践的效果等方面，与原有的实践存在着质上的差别。在一定意义上，常规实践是对创新实践的重复，创新实践是对常规实践的突破；经过一定常规实践则进入创新实践，又经过新的常规实践进入新的创新实践。重复、创新，再重复、再创新，往复无穷。创新实践又可体现在不同实践领域，实现着不同的功能，我们可以把不同种类的创新实践归结和概括为技术创新、制度创新和知识创新三种基本类型，诚如庞元正教授所指出的，它们分别是生产实践、社会交往实践和科学实验等人类实践的高级形式。

首先，技术创新是解决生产力发展中自身内在矛盾的根本手段，因而是生产实践的高级形式。生产实践是人类最基本的实践活动，是人类从事一切实践活动的基础。生产实践是处理人类社会和自然界关系的实践活动，而生产实践的发展水平恰恰是通过生产力发展的状况表现出来的。因此，肯定生产实践是人类最基本的实践活动，与肯定生产力是社会发展的最终决定性力量，具有内在的一致性。但是，生产实践和生产力本身又是如何发展的呢？"每一代都利用以前各代遗留下来的材料、资金和生产力；由于这个缘故，每一代一方面在完全改变了的环境下继续从事所继承的活动，另一方面又通过完全改变了的活动来变更旧的环境。"① 这就说明，人们是在继承以前各代遗留下来的实践方式的基础上，不断开创新的实践方式，开辟着人类实践的新境界，而在这个过程中技术创新起了关键性的作用。诚然，重复性的常规生产实践，对于生产力的量的扩张，对于维系人类的生存和发展，是不可或缺的。但是如果没有任何技术创新，人类实践只能停留在一定的水平上，不可能有生产力水平的提高和人类社会的进步。正是由于技术创新的作用，生产实践才能实现质上的飞跃，才能使生产力成为最活跃最革命的因素。

其次，制度创新是解决生产关系和上层建筑与生产力之间矛盾的根本方式，因而是社会交往实践的高级形式。社会交往实践是人类处理生产力与生产关系、经济基础与上层建筑相互关系的实践活动。只有在社会交往实践的基础上，人类才能进行生产实践。正如马克思所指出的："人们在生产中不仅仅影响自然界，而且也互相影响。他们只有以一定的方式共同活动和互相交换其活动，才能进行生产。为了进行生产，人们相互之间便发生一定的联系和关系；只有在这些社会联系和社会关系的范围内，才会有他们对自然界的影响，才会有生产。"② 常规性的社会交往实践，具有维持社会的正常秩序、保证原有生产实践正常进行的功能，是社会发展的必要条件。但是，"社会的物质生产力发展到一定阶段，便同它们一直在其中运动的现存生产关系或财产关系（这只是生产关系的法律用语）发生矛盾。于是这些关系便由生产力的发展形式变成生产力的桎梏"③。当生产关系不适应生产力发展的需要、上层建筑不适应经济基础发展的需要时，旧有的生产关系和上层建筑就会束缚生产力的发展。这时靠常规性的社会交往实践已经不能解决生产力与生产关系、经济基础与上层建筑的矛盾，甚至会阻碍社会的发展，因此，必须开辟新的社会交往实践形式。正如马克思所指出的："这些不同的条件，起初是自主活动的条件，后来却变成了它的桎梏，它们在整个历史发展过程中构成一个有联系的交往形式的序列，交往形式的联系就在于：已成为桎梏的旧交往形式被适应于比较发达的生产力，因而也适应

---

① 马克思，恩格斯. 马克思恩格斯选集：第1卷. 2版. 北京：人民出版社，1995：88.

② 同①344.

③ 马克思，恩格斯. 马克思恩格斯选集：第2卷. 2版. 北京：人民出版社，1995：32-33.

于进步的个人自主活动方式的新交往形式所代替；新的交往形式又会成为桎梏，然后又为别的交往形式所代替。"① 由于生产力是最活跃最革命的力量，生产关系与生产力的矛盾、经济基础与上层建筑的矛盾，在任何社会系统中都不同程度地存在着。制度创新作为社会交往实践的高级形式，就是解决生产力与生产关系、经济基础与上层建筑之间矛盾的实践活动，通过制度创新破除不适应生产力发展需要的生产关系和上层建筑，建立能够促进生产力发展的生产关系和上层建筑，就会解放和发展生产力。

最后，知识创新包括自然科学知识的创新和社会科学知识的创新，是解决社会存在和社会意识之间矛盾的根本手段，因而是科学实验的高级形式。科学实验是以观察、实验和建立科学理论为内容的实践活动。起初，科学实验是作为人类的生产实践和社会交往实践的内在环节而出现的，随着实验科学的发展，科学实验逐渐从生产实践和社会交往实践中分离出来，成为一种独立的探索性的社会实践形式。自然科学和社会科学的发展都离不开科学实验，科学实验对于探索自然界和人类社会的奥妙，揭示自然规律和社会规律，为人类认识世界、改造世界提供了强大动力。虽然科学实验具有探索性，但如果不能做出理论创新，科学实验就不能达到预期目的，就不能转化为人类认识世界、改造世界的成果。理论创新是科学实验的关键环节和高级形式，理论创新纠正错误的理论，超越旧有的理论，创立新理论，揭示出自然界和社会发展的新规律，为生产实践和社会交往实践提供强大的思想武器②。

四、创新实践与马克思主义哲学的革命意义

马克思之所以强调实践在哲学和现实生活中的重要地位，主要是因为实践充分体现了人类活动的主体性、创造性和能动性，体现了人类满足需要的特殊方式，从而把人和动物从根本上区别开来，而创新实践集

---

① 马克思，恩格斯. 马克思恩格斯选集：第 1 卷. 2 版. 北京：人民出版社，1995：123-124.

② 庞元正，等. 辩证唯物主义研究：历史、理论与前沿问题. 北京：中央党校出版社，2005：448-451.

中体现了人类实践活动的这些深层本质。可以说，创新实践唯物主义从更深层次上揭示了马克思主义哲学的革命性本质，因此，也就具备更加强大的时代问题解释功能。

第一，创新实践唯物主义能够最科学地解答哲学基本问题。恩格斯指出："全部哲学，特别是近代哲学的重大的基本问题，是思维和存在的关系问题。"① 马克思主义哲学区别于其他一切哲学的根本之处，在于它科学地解答了思维与存在、物质与意识的关系问题。这一问题的基础，是从自在自然到人化自然的转变问题。但是，如果不对实践做质的规定性和区分，笼统地说实践创造人的本质，从而创造整个人工自然，那就会直接导致这样一个问题：常规实践能否实现自在自然向人化自然的转变？如果古猿群只是简单地重复它们使用自然工具的本能行为，那么今天最多只会进化成非洲原始森林里的大猩猩群，就根本谈不上自在自然向人化自然的转变。自在自然之所以能够成为人化自然，古猿的自然本能行为之所以能够实现向积极能动的人类实践的飞跃，根本原因在于创新实践的伟大创造力。因此，我们可以说，创新实践是对常规实践的突破，能够扩大人类认识世界和改造世界的深度和广度，使更多的自在世界转化为人为世界。实践是人类能动地改造客观世界的物质活动，不论是常规实践还是创新实践无疑都具有能动的改造世界的功能，但创新实践更能体现人类能动改造世界的功能。所以，创新实践唯物主义能科学地解答自在自然与人化自然的统一问题，进而才能科学地解决思维与存在的关系问题。

第二，创新实践唯物主义能够最鲜明地体现辩证法的本质。"辩证法，在其合理形态上，引起资产阶级及其夸夸其谈的代言人的恼怒和恐怖，因为辩证法在对现存事物的肯定的理解中同时包含对现存事物的否定的理解，即对现存事物的必然灭亡的理解；辩证法对每一种既成的形式都是从不断的运动中，因而也是从它的暂时性方面去理解；辩证法不崇拜任何东西，按其本质来说，它是批判的和革命的。"② 普遍联系和永恒发展的观点，是唯物辩证法的总特征。普遍联系和永恒发展是内在地统一的，事物的普遍联系孕育着创新实践的前提条件，永恒发展的创新实践推动着新事物的产生和旧事物的灭亡，从而不断地产生新的联

① 马克思，恩格斯. 马克思恩格斯选集：第4卷. 2版. 北京：人民出版社，1995：223.
② 马克思，恩格斯. 马克思恩格斯选集：第2卷. 2版. 北京：人民出版社，1995：112.

系。创新实践产生新事物，而常规实践只体现事物的客观变化而并不必然导致新事物的出现，因而不能说明事物的发展和普遍联系。从联系和发展的规律性来看，常规实践的量的积累，绝不必然导致质的飞跃；相反，创新实践的量积累到一定程度必然导致质变。而事物发展的真正面貌是：创新实践量的积累不断改变矛盾对立面的力量对比，最终产生新的矛盾代替旧的矛盾，永恒地推动矛盾从一个否定之否定走向新的更高的否定之否定。

第三，创新实践唯物主义能够最完整地反映认识的辩证过程。马克思指出："关于思维——离开实践的思维——的现实性或非现实性的争论，是一个纯粹**经院哲学的**问题。"① "全部社会生活在本质上是**实践的**。凡是把理论引向神秘主义的神秘东西，都能在人的实践中以及对这个实践的理解中得到合理的解决。"② 这表明："生活、实践的观点，应该是认识论的首要的和基本的观点。"③ 然而，常规实践是重复进行的实践，实践的效果虽然也能满足人的一定目的和需要，但由于常规实践所遵循的客观规律性已经为人类所掌握，或者已经为人类所揭示和认识，所以它一般不能提供人类认识客观世界的新信息。而创新实践由于是先前所未有过的新的实践活动，实践对象和主体作用于客体的方式，是先前的实践所不曾有过的，实践所依据的客观规律或者是人类尚未认识到的，或者是虽然认识到了但却没有应用于实践之中的，所以创新实践能够提供人类认识世界的新信息、新知识，加深和拓展了人类对客观事物认识的深度和广度。特别是创新实践要破除与客观事实不相符合的旧观念、旧理论、旧模式、旧做法，发现客观事物的新联系、新属性、新规律，并运用这些新联系、新属性、新规律去有效地改造客观世界，因而，创新实践比常规实践，更能体现人类认识世界和改造世界的主体能动性，更能体现实践改造世界的强大功能，是更为高级形态的人类实践形式。如果不区分常规实践与创新实践，笼统地谈实践在认识中的作用，就会得出在旧的实践基础上形成的认识可以指导新的实践的悖论，导致认识过程的断裂。只有坚持一切认识来源于创新实践，才能解决这一问题。创新实践为认识提供新的领域、新的工具和新的手段，在此基

---

① 马克思，恩格斯. 马克思恩格斯选集：第1卷. 2版. 北京：人民出版社，1995：55.

② 同①56.

③ 列宁. 列宁选集：第2卷. 3版. 北京：人民出版社，1995：103.

础上形成新的感性认识，对新的感性认识运用逻辑思维和创新思维（想象、直觉、灵感）使之上升到新的理性认识，由此便完成了知识创新，再运用这种创新知识指导新的创新实践，从而不断形成新的知识创新，由此螺旋式上升以至无穷。可见，创新实践唯物主义将唯物辩证法与辩证认识论有机地统一起来了。

第四，创新实践唯物主义能够最深刻地揭示社会历史的动力机制。社会历史的发展当然离不开常规实践，但是在当今这个创新的时代，包括技术创新、制度创新和知识创新在内的创新实践日益成为推动社会历史发展最强大的动力。

一是技术创新是人类社会发展的根本动力。唯物史观认为，生产力是社会发展的最终决定因素，人类社会的发展就是先进生产力不断取代落后生产力的历史进程。"一定的生产方式或一定的工业阶段始终是与一定的共同活动方式或一定的社会阶段联系着的，而这种共同活动方式本身就是'生产力'；由此可见，人们所达到的生产力的总和决定着社会状况"①，"人们在发展其生产力时，即在生活时，也发展着一定的相互关系；这些关系的性质必然随着这些生产力的改变和发展而改变"②。然而，"自然界没有造出任何机器，没有造出机车、铁路、电报、自动走锭精纺机等等"③。那么，新的生产力是如何产生的呢？"它们是人的产业劳动的产物，是转化为人的意志驾驭自然界的器官或者说在自然界实现人的意志的器官的自然物质。它们是**人的手创造出来的人脑的器官**；是对象化的知识力量。固定资本的发展表明，一般社会知识，已经在多么大的程度上变成了**直接的生产力**，从而社会生活过程的条件本身在多么大的程度上受到一般智力的控制并按照这种智力得到改造。"④这实际上就是说，技术创新是推动生产力发展的内生变量。如果深入分析当代生产力发展的进程，我们就更能够清楚地看到：技术创新实践是生产力发展的原动力。技术创新之所以能够对生产力的发展具有如此巨大的推动作用，是因为它对于生产力各要素的深刻变革具有决定性的推动作用，不仅大大促进了生产力量的增加，而且促进了生产力质的提

---

① 马克思，恩格斯. 马克思恩格斯选集：第 1 卷. 2 版. 北京：人民出版社，1995：80.
② 马克思，恩格斯. 马克思恩格斯选集：第 4 卷. 2 版. 北京：人民出版社，1995：536.
③④ 马克思，恩格斯. 马克思恩格斯全集：第 31 卷. 2 版. 北京：人民出版社，1998：102.

高，从而推动着生产力的跨越式发展。

二是制度创新是推动人类社会发展的直接动力。唯物史观认为，在社会基本矛盾运动中，生产力决定生产关系，经济基础决定上层建筑；但是，生产关系和上层建筑又不是消极无为的，生产关系对生产力、上层建筑对经济基础并直接或间接地对生产关系，都具有巨大的反作用。如果生产关系不适应生产力需要，就会阻碍生产力的发展；同样，不适应经济基础和生产力发展需要的上层建筑也会阻碍经济基础和生产力的发展。制度创新就是破除与生产力发展要求不相适应的生产关系和上层建筑，建立与生产力发展要求相适应的新的生产关系和上层建筑的实践活动和实践过程。只有通过制度创新，才能解除先进生产力发展的制度性障碍，为先进生产力的发展提供制度保证。

三是知识创新是推动人类社会发展的精神动力。知识创新对于人类社会发展的推动作用，主要表现在它是精神文明的直接源泉，不断地为人类社会的发展提供精神动力和智力支持。特别是在知识经济初现端倪的今天，科学作为知识形态的生产力，是人类改造自然、获取物质生活资料的生产力中的渗透性要素，它既存在于劳动者身上，表现为劳动者的知识创新素质，又渗透在生产的工艺和方法中，物化为生产资料，还存在于生产劳动的社会结合上，表现为对生产的管理。而当今世界的信息化发展趋势和知识生产力的重要作用，使得知识创新不仅是精神文明发展的直接源泉，也成为推动社会全面进步的不竭智力源泉和强大动力源。

第五，创新实践唯物主义最能揭示人的本质，是人的自由全面发展的本质体现。关于人的本质，马克思分别从不同的角度进行了揭示："他们的**需要**即他们的本性"①；"一个种的全部特性、种的类特性就在于生命活动的性质，而人的类特性恰恰就是自由的有意识的活动"②；"人的本质不是单个人所固有的抽象物，在其现实性上，它是一切社会关系的总和"③。人的本性、类特性、人的社会性，这三个层面是一个有机的整体，共同构成了人的本质。创新实践恰恰是人的本质的具体体现，也是人自由全面发展的本质体现。

---

① 马克思，恩格斯. 马克思恩格斯全集：第3卷. 北京：人民出版社，1960：514.
② 马克思，恩格斯. 马克思恩格斯选集：第1卷. 2版. 北京：人民出版社，1995：46.
③ 同②56.

一是人类从事实践活动的根本目的在于满足人的需要，创新实践更能体现实践活动的需要满足功能。马克思说"需要是本性"，是因为每个现实的个人的生命需要，是人内在的必然规定性，即本质的规定性。然而，使人同动物区别开来的"第一个历史活动"，并不是这些自然需要或直接满足这些自然需要的生理活动，而是这些自然需要所推动的生产活动，主要是创新实践，把这些动物性的需要改造成人的需要；此外，创新实践的结果，使人在自然需要基础上产生了动物所没有的新的历史需要，并推动了人的需要的创新发展，使人的需要发展成为一个高度复杂的、开放性的体系，这决定了人的创新内容的无限丰富。正如马克思所说的，"已经得到满足的第一个需要本身、满足需要的活动和已经获得的为满足需要而用的工具又引起新的需要"①。同时，需要的不断发展也客观上要求需要满足的方式不断发展。对于一般性的需要，人们通过常规实践的方式是可以得到满足的。但是，常规实践的创造能力具有一定的局限性，从需要的质的方面来说，常规实践无法满足人不断产生的新需要；而且从需要的量的方面来说，常规实践也无法满足超过其创造能力的更多的需要。因而，对于无限丰富的和无限发展着的人类需要来说，创新实践才是最根本的满足途径。

二是实践是人类能动地认识世界和改造世界的客观活动，而创新实践更能体现人的主体性和能动性。人之所以为人，是因为人作为创新实践的主体而存在，人的主体性、创造性、能动性规定着人的类本质。马克思指出：人的自由自觉的活动"通过实践创造**对象世界**，**改造**无机界，人证明自己是有意识的类存在物，就是说是这样一种存在物，它把类看作自己的本质，或者说把自身看作类存在物"②，"正是在改造对象世界中，人才真正地证明自己是**类存在物**"③。因此，"一个种的全部特性、种的类特性就在于生命活动的性质，而人的类特性恰恰就在于自由的有意识的活动"④。人的创新实践就是这么一种开创性和探索性的活动，它既同动物的本能活动本质地区别开来，又和为了维持人类生存所进行的常规实践区分开来，因此，人的创新实践是一种更积极意义上的自由自觉的活动。

---

① 马克思，恩格斯. 马克思恩格斯选集：第1卷. 2版. 北京：人民出版社，1995：79.
②④ 同①46.
③ 同①47.

三是人总是在一定的社会关系中生存和发展的，"社会关系实际上决定着一个人能够发展到什么程度"①。人的素质、实践能力固然是人发展的最重要的内容，但人的素质的提高、实践能力的发展都离不开人的社会关系。从根本上说，"人的本质不是单个人所固有的抽象物，在其现实性上，它是一切社会关系的总和"②。人的存在和发展总是受制于一定的社会关系，并在社会的变革和发展中得以实现。正是由于人是主动的，具有创新实践能力，因而随着人的素质与实践能力的不断提高，社会关系也总是处在不断的发展与变革之中。

可以说，人的自由全面发展是一个历史性的概念，创新实践也是一个历史性的范畴，在一定意义上，创新实践的水平、数量、种类代表着人的自由全面发展的程度，人自由全面发展到什么样的程度，就具有什么样的创新实践能力。人正是在创新实践的过程中解放着自身、发展着自身，人自由全面发展的过程就是人创新实践的过程。正是在创新实践不断发展的过程中，人类社会得到发展，同时又为人的自由全面发展提供社会文明条件，人的发展反过来又会使人具备更强的创新实践能力，提供更新、更高级、更多的创新实践。人的发展、社会历史的发展正是在创新实践的基础上实现了有机的统一。

---

① 马克思，恩格斯. 马克思恩格斯全集：第 3 卷. 北京：人民出版社，1960：295.
② 马克思，恩格斯. 马克思恩格斯全集：第 3 卷. 2 版. 北京：人民出版社，1995：56.

第二章　创新实践的基础理论

创新实践作为人类社会实践的高级形态，是人作为人而存在的根本方式，也是我们研究历史唯物主义的一个基本理论问题。对于创新实践的内在机构、外部环境、生成机制和基本特点等问题的研究和阐明，是我们研究创新实践唯物主义形态的基本理论问题。

一、创新实践的内在结构

实践，作为人类的一种体现主体能力的活动，是由实践主体、客体、中介、生成机制、环境所构成的一个完整的系统。那么，创新实践作为一种特殊的实践，也具有类似的系统结构，包括创新实践主体、客体、中介等，只不过和一般的实践相比，创新实践具有自己的特点。

（一）创新实践主体

创新实践主体是与创新实践客体相对应的范畴，是指在创新实践过程中，具有创新需求和创新能力并借助于一定的中介变革客体的能动的活动者。所谓"创新需求"，是激励主体进行创新实践的动力，包括自然物质需求、精神文化需求和社会交往需求等。所谓"创新能力"，是创新实践主体对客体进行创新性认识和改造的能力，它包括两个方面：一是创新认知能力，二是创新实践能力。一方面，创新实践主体必须学习和掌握创新实践项目的各种相关知识，这些知识为创新实践主体的创新实践提供理论基础；另一方面，由于创新实践更加注重行动，所以创新实践主体必须具备一定的创新实践能力，才能够把自身的本质力量凝聚和体现在创新实践结果上，使创新结果成为确证和体现创新者主体性的"作品"，而创新实践主体又可以在创新结果上反观自身、认识自身和实现自身，并且以此为新的出发点引发更高的创新需求①。根据创新实践活动的组织方式，我们可以把创新实践主体分为四个层次：个体主体、组织主体、国家主体和全人类主体。

1. 创新实践的个体主体

创新实践的个体主体是指富有创新精神和具有创新实践能力的创造性个人。个体主体是创新实践主体的最基本的层次，是其他层次的创新实践主体的最基本的组成部分。无论组织主体、国家主体，还是全人类主体，都是由个体主体组成的，离开了个体主体，其他主体就无法存在，这是一个部分与整体的关系，正如我们不能设想存在一个没有部分的整体一样，我们也不可能设想存在一个没有个体主体的群体主体。

个体主体是历史上最早出现的一种创新实践主体。在人类社会的初期，创新实践是偶尔发生的，也是自发的。用一块石头去敲击另一块石头，从而制造出了第一个原始工具的技术创新实践，这种实践不是有组织地进行的，而是某一个人在偶然中独立完成的。在农业经济时代，农业和手工业是主要产业，自给自足的经济是主要的生产方式与交往关系，创新实践的主体虽然也有了群体组织，但是绝大部分是作为个体主体的独立的农民和手工业者。他们根据自己的经验、意志和判断力，能够使用自己的工具，独立完成产品生产的全过程。个人的活动表现为原始丰富性，不发展的分工使个人活动呈现出多样化特征，"个人在自己的某个方面把自身物化在物品中，他对物品的占有同时就表现为他的个性的一定的发展"②，从而使个人本质力量达到了与其生产活动相适应的原始全面性和丰富性。所以，马克思认为，这种农业或工业的"小生产是社会生产的技艺养成所，是培养劳动者的手艺、发明技巧和自由个性的学校"③。在这种条件下，个人之间以及个人与自然之间的关系是狭隘的，由于"劳动生产力处于低级发展阶段，……决定了人们之间的

① 李兆友，等. 论技术创新主体. 自然辩证法研究，1999 (5).
② 马克思，恩格斯. 马克思恩格斯全集：第46卷：上. 北京：人民出版社，1979：171.
③ 马克思，恩格斯. 马克思恩格斯全集：第49卷. 北京：人民出版社，1982：244.

关系以及人们同自然之间的关系的狭隘性"①，个人在生产实践中处于孤立分散状态，总是"力图寻求闭锁的形态、形式以及寻求既定的限制"②。小生产还没有形成全面的交换关系，这就迫使单个人显得比较全面，表现出原始的丰富。然而，这种个人的原始丰富性，也正是其局限性所在。马克思评论道，"在发展的早期阶段，单个人显得比较全面，那正是因为他还没有造成自己丰富的关系，并且还没有使这种关系作为独立于他自身之外的社会权力和社会关系同他自己相对立。留恋那种原始的丰富，是可笑的"③。

　　这种全面性、独立性的要求，与个人不可避免的时间、精力的有限性结合在一起，恰恰成为人的创新实践能力发展的束缚与限制。而由于个体创新实践主体获取生产工艺的长期性和高成本，往往会造成技术的保密，从而阻止创新的扩散和发展。在信息相对闭塞的传统社会，一项比较复杂的工艺往往需要若干年乃至若干代的摸索和积累才能获得，成本是非常高的。因此，从技术层面上来说，历史上工匠的生产具有非常严格的师承继承制度，民间工匠技术只传于家族内是比较普遍的现象，防止技术外传是大家普遍遵循的一个原则。个体工匠为了使若干年乃至若干代积累起来的一技之长成为自己在社会中竞争立足的本钱，是不会轻易地对外泄漏家技的，这样就往往使个体工匠尤其是身怀精湛技艺的工匠家庭的婚姻，被限定在一定的范围之内，工匠选择配偶的余地比较小，严重影响了这类工匠家庭人口的再生产，长此以往则必然会使这样的手工业家庭出现萎缩。这样做虽然保证了技术在家族内部的传承，但却不利于技术的传播。我国历史上一些手工业技术的失传，与此有一定的关系。这一般由两种情况所致，其一是工匠还没有来得及传授技术便因身体等变故而使技术中断；其二是在以男性为中心的社会，高超的技术对于未成年的女子是保密的，主要害怕女子外嫁后技术会外传，从而对本家庭造成一定的竞争，有的工匠家因没有符合传授家传技术的男性人选而导致技术失传。

　　同时，在专制制度占统治地位的社会中，制度创新虽然有时候也体

---

　　①　马克思，恩格斯. 马克思恩格斯全集：第49卷. 北京：人民出版社，1982：195.

　　②　马克思，恩格斯. 马克思恩格斯全集：第46卷：上. 北京：人民出版社，1979：486.

　　③　同②109.

现为全体的努力，但更多的时候是依据首长的意志进行的。于是首长的个人好恶、能力高低、品德好坏、利益取向等往往决定着制度创新的效果，但是这种创新的取得往往是以付出巨大的代价为前提的。

为了克服个体创新实践主体的局限性，于是就出现了创新实践主体的第二个层次——组织主体。

2. 创新实践的组织主体

创新实践的组织主体是指由一定数量的、不同的创新实践个体，按照一定结构构成组织，整个组织作为一个主体从事创新实践。在工业社会以前，虽然也存在过这样的创新实践组织，但是从整个组织的完善程度上来讲是很低级的，从组织的数量上来讲是很少的。到了工业社会之后，这样的创新实践主体才上升为主导地位，成为主要的创新实践主体。

就知识创新实践而言，虽然在很多时候，它都表现为科技工作者的个人研究活动，但是这并不是它的唯一形式，随着科学的分化、细化，一个个独立的科技工作者越来越难以完成日益复杂的科研课题，于是就出现了科学研究院这类专门的科研机构。以集体的力量进行知识创新实践，不仅可以充分开发组织内部的知识资源，而且可以充分开发组织内部的人力资源，从而降低知识创新的费用和时间，使得知识创新实践的效率大大提高。对于这个问题，哈耶克进行过专门的研究，他在亚当·斯密的"劳动分工"基础上提出了"知识分工"的观点，认为经济学面临的不再是亚当·斯密提出的"看不见的手"的猜想，而是"知识的分工与协调"的问题，这个问题应该是作为社会科学的经济学的中心问题。亚当·斯密猜想的要义是市场指引着分工中的人们的经济活动，以达到帕累托资源配置效率。哈耶克猜想的要义是市场指引着知识分工中知识生产者的经济活动，以达到人类知识整体的有效运用。为什么知识创新实践需要分工合作呢？这主要是由两个方面决定的：一方面，在某一时空上，知识是既定的，技术可能性表明了当前人类关于自然法则的有限知识；另一方面，对于特定的个体而言，生理的局限性造成了知识的局限性。而创新实践的组织主体形式恰恰克服了以上两个方面的局限性，有利于增强知识创新实践的聚合效应，从而提高集体的创新能力。从这一点意义上来说，人类各种知识之间的关系主要是"互补性"而非"互替性"，即单个个体在把知识运用于经济活动时，各自所获得的收益加总必定小于把知识联合运用于经济活动时的收益。这种基于知识分工的互补性包含两个方面：一是时间上的互补性，即对同一个体或群体的知识基础而言，尚未获得的知识与已经获得的知识之间存在着强烈的互补性；二是空间上的互补性，即对不同个体或群体来说，已经积累起来的知识通过相互交往而获得互补性。因此，对合作各方来说，以知识资源的互补性为基础的合作，是降低创新成本、提高其收益的重要手段。

就技术创新实践而言，在工业经济时代，企业逐渐取代了个体农民与手工业者，组织代替个人成为生产劳动与创新实践的主体。马克思认为，资本主义在其发展过程中，出于增加相对剩余价值生产的要求，充分开发利用了不费资本分文的劳动的社会生产力，建立了以发达的分工协作为基础的合理的劳动组织——企业。企业组织内部的分工与协作，消灭了劳动产品的任何个人性质，从根本上侵袭了个人的劳动力，个人的产品变成了共同的产品，企业成为"一个以人为器官的生产机构"。技术创新和应用的历史也充分证明了马克思的预言。自19世纪以来，技术进步方式发生了两方面彼此关联的重要变化：一是研究与开发活动的体制化，使组织而不是个人成为科技成果的母体；二是研究与开发活动的企业内部化，使企业而不是大学或独立研究机构掌握了社会大部分研究与开发资源，逐渐成为技术知识的生产主体，而不只是人工制品或商品的生产主体。近20年来，尽管产学研之间技术合作的重要性有了明显的增长，但企业在技术创新中作为技术知识生产主体的地位并未改变，企业内部研究与开发促进企业之间进行技术合作依然是企业捕捉创新机会并获取创新所需要的技术知识的主导组织形式。

制度创新实践也是如此，虽然个体主体能够提高决策的效率，但是个体的局限性往往会带来决策的盲目性、主观性、随意性等，从而导致制度创新的失败，于是就出现了制度创新实践的组织主体，以提高制度创新的成效，同时降低制度创新成本。由于受时空的限制，起初这种制度创新形式只能在一个很小的范围内进行，后来，随着交通、通信等交往手段的改进，制度创新组织主体的规模越来越大，以至于整个国家作为一个主体也成为可能。

3. 创新实践的国家主体

创新实践的国家主体是创新实践主体的第三个层次，也是知识经济时代占据主导地位的最主要的创新实践主体，是以国家创新体系为代表的主体系统。创新实践主体系统并没有使企业组织丧失自己的主体地位，而是表明企业不再是那种原子式的、单独的创新实践主体，企业是创新实践主体网络中的主体，是网络中的一个节点。创新实践主体系统使企业不再作为创新实践的唯一主体，而是使科研教育组织、政府组织等机构与企业组织共同构成创新实践的主体，创新是各种机构、各种角色之间相互作用的结果。企业主体之间的关系除了有形的市场交换之外，还有无形的知识、信息的交流，它们形成了创新组织之间知识流动的网络及其有效的运行机制。政府在创新活动中不是一个消极无为的角色，而是国家创新活动的参与者和国家创新体系的组织者，政府为国家创新体系提供政策支持与制度保障，并且在创新的市场失效区域内直接担任创新实践主体。国家创新体系的产生不仅在于纠正创新的市场失效，即为了使公众的收益最大化，通过宏观调控，纠正企业因不能从创新投资中获得全部收益而对技术开发投入不足的倾向，激励和支持产业部门对研究开发的支出。国家创新体系更重要的功能是把政策制定者的注意力引导到解决阻碍产业创新绩效的系统失效[①]。

4．创新实践的全人类主体

人和动物的区别之一就是人是以整个人类的力量来进行活动的。我们可以从时间和空间两个方面来理解这一点：从时间上讲，人类的创新实践是建立在以前所有创新实践成果的基础上的，并为以后的创新实践进行着积累；从空间上讲，每一个人、每一个组织、每一个国家作为创新实践主体，所进行的创新实践是以整个人类创新实践能力为基础的。

---

① 经济合作与发展组织认为，下列系统失效的因素都可以导致一个国家的创新绩效较低：系统内的行为者之间缺乏相互作用，公共部门的基础研究之间不匹配，技术转移机构的机制失常，企业的信息不足和吸收能力不足。纠正系统失效，需要提高国家创新体系内部行为者的相互作用和各机构之间的相互影响，促进联合研究行为发挥作用和公共部门机构之间的技术协作，提高企业进入适当网络获得信息和技术并不断加以吸收的能力，扩大创新网络，并用最有效的手段来设计这些知识流动、联系和合作。创新实践主体网络的形成，产生和提高了创新的系统能力，创新系统知识流的有效运转，产生了新的知识配置能力。通过国家创新体系的制度安排，减少创新的不确定性，鼓励不同主体创新投入的积极性。通过创新网络关系的普遍建立，合理配置创新资源，协调创新实践主体的活动，使知识、信息迅速流动与传播。通过创新系统主体的密切联系与合作，激活知识资源的利用效率，减少知识资源的闲置与独占。通过政府在国家创新体系中的参与行为，改变创新的系统失效现象，创造系统创新的功能，保证国家创新体系的系统效率。

在社会发展的初级阶段，由于交通工具和通信方式的限制，人们只能在很小的范围内进行知识传播和文化交流，无法进行更大范围内的创新实践成果扩散，各个部落、各个地区、各个民族都是以自己有限的交往范围为限度进行着合作，创新实践的主体也是在有限的范围内组合的。但是，自从有了各个国家和民族之间的文化交流与传播，全人类就不自觉地作为一个整体成为创新实践的主体，只不过这种主体形式有着先进与落后、个别与普遍的区别而已。网络信息技术的突破性发展促使卫星通信、光纤通信、电脑通信等现代化通信手段与传统的大众媒介如报纸、电话、电报及广播等相互结合、相互嫁接，构筑了有史以来跨越地域最广阔的立体式全球信息传媒网络系统，并且正在向着全球各个角落不断地延伸。这一系统极其敏感、迅捷、灵活，宛如支配人类社会发展的数字化神经系统，使大量丰富多彩的信息穿越时间隧道，跨越空间障碍，瞬时传遍世界各地，而且仅需用几乎为零的信息传递时间，就可以把远隔千山万水的社会成员或社会群体紧密地联系在一起。

人们信息共享，智慧资源共享，创新能力共同发展，以整个人类的智慧进行创新实践。在浩瀚广博的信息世界之中，各种信息不断地多向流动，不断地发生多元性变化，这成为引发社会成员思路变迁的动力，从而激发社会成员产生思维灵感，突破心智障碍，把各种信息进行前所未有的组合，以产生创新效应，使得创新实践频繁发生。同时，在各种信息不断地切入这个创新实践的过程中，大量与之相关的、类似的、互补的、对立的信息就可能嫁接在这个创新实践过程中的某些分支点上，从而也可以使社会成员派生出新的思维灵感，创新实践的成果更加丰硕。

随着全球化、信息化、网络化进程的加快，这种创新实践类主体形式将会越来越普遍，如果真正实现了全球一体化，那么这种主体形式将会上升到主导地位，成为主要的创新实践主体。

（二）创新实践客体

创新实践客体是指进入创新实践主体的活动范围的对象，是创新实践主体活动的接受者，即活动施予的对象。创新实践主体只能在既定的历史条件下，对其所面临的对象加以改变，并不断地把主体的目的、情感、知识、技能等主体性力量加以对象化，从而使创新实践客体按照人的目的和本质力量对象化的过程把其改造为适合主体需要的创新结果。创新实践客体的范围深受某个时代科学技术水平的制约。人类创新实践的客体从内容上可以划分为以下几类：物质客体、精神客体和关系客体。

1. 创新实践的物质客体

创新实践的物质客体是指进入人类创新实践视野的具体的物质性存在，它们在人类的创新实践过程中实际地改变了自身的存在状态，以满足人的某一方面或者某几方面的需要。这是人类创新实践最基础的客体，也是最早进入人类创新实践视野的客体形式。

在原始社会，人类所能从事的发明和创新实践是非常有限的，人们只能把石块、树枝、骨头等作为展现其创造性潜能的对象。当然，这里已经显示出既已存在的客体不能满足人的当前需要，而人类决计要对其加以改变，使其向着合乎人的目的、意志的方向改变。这时候，人类创新实践的对象就是这些原始的石块、树枝或者骨头等。随着人类自身的进化以及其实际改造自然能力的提高，人们能够使用工具对这些初级的工具进行进一步加工改造，以便它们更好地适应人类改造自然的需要，于是人类创新实践客体的形式发生了变化，范围也不断扩大。近代技术的发展冲破了有机界的限制，从木炭炼铁到焦炭炼铁，木材短缺不再成为炼铁技术发展的限制；苯胺紫等合成染料的出现、合成纤维的发明、酸碱的制造等，也都冲破了棉花、草木灰、蓝靛等生物资源的限制，使人类改造并利用自然的范围扩大了。现代科技更是进一步扩大了创新实践物质客体的范围，从微观上看，基因、生物大分子、微观粒子、超导材料、新金属、新型高分子合成材料、纳米材料等进入了人类活动的范围；从宏观上看，太空、海洋，甚至地球内部构造也越来越多地进入人类创新实践的范围，"上九天揽月，下五洋捉鳖"已经不再仅仅是梦想了。

2. 创新实践的精神客体

随着社会生产力的进步、人们认识能力的提高，人的主观能动性得到了充分发挥，特别是在当代，为人类所利用的自然物质的形态、形式越来越多，意识和物质的接触点越来越广，自然物质形态上的人工痕迹也越来越深，物质和意识本质联系的客观产物广泛涌现，如书本知识、技术工艺、艺术作品、录音磁带、唱片、录像带、电影拷贝、胶卷、光盘、计算机存储系统、软件系统、编码、乐谱、图纸、情报信息、网络通信、光纤通信、遗传密码、人工合成产品等等。这些客观产物是人类精神能动地作用于物质世界的结晶，是意识和物质相互作用的结果，是人们主观精神活动的客观化、外在化和物质化。

在现代社会，随着新技术革命的广泛兴起与社会生产力的飞跃发展，人类思想的客观产物在数量上急剧增长，在范围上日益扩大，在社会发展过程中的地位和作用得到了充分体现，尤其是科学理论、科学知识、科学技术等人类思想的客观产物在社会生产和社会生活各领域显示出了巨大威力，成为推动人类社会进步的首要力量。因而，人们把创新客体的重点逐步转移到了研究人类思想的客观产物即精神客体上。尤其是到了现代，科技知识的增长更是异常迅速，出现了所谓的"信息爆炸"和"知识爆炸"现象。据统计，20 世纪 80 年代每年全世界发表的科学论文大约 500 万篇，平均每天发表包含新知识的论文已达 1.3 万～1.4 万篇；登记的发明创造专利每年超过 30 万件，平均每天有 800～900 件专利问世。近 20 年来，每年形成文献资料的页数，美国约 1 750 亿页。20 世纪 70 年代以来，全世界每年出版图书 50 万种，每一分钟就有一种新书出版。在 12 万种科技图书中，自然科学图书有 3 万余种，技术科学图书有 9 万余种。据联合国教科文组织所隶属的"世界科学技术情报系统"统计，科学知识每年的增长率，20 世纪 60 年代已从 9.5% 增长到 10.6%，到 20 世纪 80 年代每年增长率达 12.5%。据说，一位化学家每周阅读 40 小时，光是浏览世界上一年内发表的有关化学方面的论文和著作就要读 48 年，可见知识量的增长之快。人类创新实践的精神客体在不断增长。

3. 创新实践的关系客体

关系是人在生产与交往活动中的产物，人可以建立适应于自己活动需要的关系，也可以改造不适应自己活动需要的关系，还可以随着主体活动的范围的扩大，创建各种新的关系，这些就是关系创新。关系创新改变的是不同要素之间的相互关系，它使不同要素以新的方式、新的力度相互作用。关系创新影响的是关系联结的各方，会引起关系各方相对地位的变化。关系创新的典型表现是制度创新，制度化的新的关系是制度创新的产物，通过制度创新改变原有的关系模式。从主体的角度来讲，制度创新可以是组织的、国家的和国际的，可以在不同层面上进行关系调整，建立主体内部或主体之间新的程序与规则。从客体的角度来讲，制度创新可以是经济关系、政治关系和日常关系的创新，在不同领域内实现制度的完善与重建，使社会生产与生活的运行更为有序。新的关系较之原有的关系，更适应环境条件的变化，更有利于关系对象的生长发展，更具有技术合理性与价值合理性。制度创新承载着某种理念，但它只有从一种理性与理想深化为一种文化与准则，从理论层面转化为社会心理层面，积淀成为人的心理秩序，才能起到教化和规范的作用。

（三）创新实践中介

中介是直接联系或间接联系的两个对象以及普遍联系的完整链条中的居间者，是事物联系的桥梁和纽带。创新实践既是创新实践主体对客体的特征、本质及其规律加以认识并内化为主体本质力量的过程，又是对创新实践主体的这种本质力量加以对象化、客观化，使客体的形式发生改变以适应主体需要的过程。这一过程的完成必须有一定技术的、经济的、管理的等方面的条件作为中介，否则，创新实践主体同客体之间就无法建立起有效的联系。

作为创新实践主体所采用的作用于客体并促使其朝着合乎主体目的性方向改变的手段，创新实践中介本身又是随着创新所处的不同阶段以及不同阶段创新实践客体表现出来的不同特征而有所变化，并在创新实践主体活动目标的制约下发挥其变革创新实践客体的手段的作用。在创新实践过程中，创新实践主体用以变革客体的中介，本质上也是人类实践活动（包括创新实践）的产物，是主体的创造物，是一种现实的客观力量。因此，创新实践中介也是随着科学技术的发展水平而发展变化的，并受同时代科学技术水平的制约。也就是说，任何时代的创新实践中介都要受到当时科学技术发达程度的制约，不能设想脱离时代科技发展水平的"新的"或"先进的"创新实践中介手段。创新实践主体通过这种客观力量作用于客体，才能突破主体自身器官结构和功能的局限，使主体力量具有无限发展的可能性，从而完成创新实践主体与客体的现实结合，推进一个个具体创新实践项目的实现。同时，创新实践主体正是借助于中介的客观力量，才能展示其作为创新实践主体的能动的活动者的本质，亦即成为真正意义上的创新实践主体。在创新实践中，创新实践中介的水平是创新实践主体能力的展示，创新实践中介的发展也是创新实践主体获得其主体性能力的来源之一。

因此，创新实践的中介也在一定程度上反映了人们进行创新实践的能力。这一点正如马克思评价劳动资料时所指出的："各种经济时代的区别，不在于生产什么，而在于怎样生产，用什么劳动资料生产。劳动资料不仅是人类劳动力发展的测量器，而且是劳动借以进行的社会关系的指示器。"①

在原始经济初期，人们进行创新实践的中介只能是自己的身体器官。最初生产工具的创造和对天然工具所进行的简单的改造，并没有可以利用的工具，完全是凭借自己的双手完成的。知识创新实践没有可以运用的技术手段，只能用自己的大脑进行处理，获得的新知识也没有先进的保存手段，只能用自己的大脑进行记忆，用口进行交流和传播。制度创新实践的进行是在惯例的基础上，对具体的生产方式和分配方式所进行的改进，往往体现在一次具体的分工和分配活动中，除了首领的提议以及大伙的赞成和反对表示之外，并没有其他更先进的决策手段和决策依据。

在后来的社会发展过程中，随着生产力水平的提高，越来越多的、越来越先进的创新实践中介被生产了出来。人们开始利用工具去创造新的工具，从用石器去加工新的石器开始，一直到用机器去生产机器，创新实践的手段日益复杂。同时，文字的发明使得新的知识和技术得以记录，从而得到更好的保存和传播，记录手段的改进使得知识创新实践慢慢地开始在一定程度上脱离直接经验的限制。制度创新实践也相应地获得了新的中介，新的信息收集、加工处理、传播手段，新的科学决策手段以及新的决策执行手段，为制度创新实践的正常进行提供着越来越可靠的、越来越先进的技术保障。尤其是到了经济全球化、信息全球化的今天，新的中介保障着创新实践有序、高效地运行，主要包括以下几个方面：

（1）信息平台。1995年，日本学者野中郁次郎在考察组织技术革新过程时发现，信息充分对创新具有积极意义，他认为具有创造力的人不仅拥有与其固有业务有关的信息，而且还拥有许多额外信息。创新组

---

① 马克思，恩格斯. 马克思恩格斯全集：第23卷. 北京：人民出版社，1972：204.

织要求摆脱那种以工作分工、声望和层次来垄断信息的态度。在传统的组织中，信息变成货币被储藏在每一个成功的层次上；而在以知识为基础的经济中，没有信息工作就不奏效，鼓励人们创新就需要每一个人都能分享组织的各种信息。信息在组织中具有规模、范围、速度和网络经济性，组织科技开发人员利用现代通信工具查询、跟踪与本专业、本项目相关的内容和发展动态，对促进组织技术创新起基础性作用。在信息时代背景下，组织的架构应有别于工业时代的架构，由于环境性质已发生了根本性的变化，因此组织必须具有对有效信息进行加工的能力并迅速做出反应。斯坦福教授曼德尔森在 2000 年提出了"组织智商"这个概念，从信息意识、决策架构、知识透明度、行动重点和信息时代网络五方面对其进行评价，同时通过实证研究发现组织智商是组织技术创新成功的一个很好的预测指标，尤其是在迅速变化的经营环境中。信息技术的迅速发展，特别是网络与通信技术的发展，实现了信息网络化，发达的信息网络改善了知识流动与沟通的渠道，拓展了技术研发资源范围，加快和促进了知识生产、分工、合作与整合，加速了知识流、信息流的运动，同时也为制度创新实践提供了新的手段。例如，通过网络进行的电子投票可以扩大制度创新实践主体的范围，而且使得制度创新更便利、更科学、更能反映最大多数人的利益。英国学者韦英海姆·罗文在《网络淘金》这本书中对制度创新的网络化运行进行了天才般的设想：

GEMs① 还能改变一个国家的公民投票方式。它还能使得公民在范围更宽的问题上发表自己的真实看法……

那么，通过 GEMs 进行公民投票是如何进行的呢？在选举的日子，GEMs 系统会制作一张每位用户（也是选民）能够得到的选票页，GEMs 系统会根据按邮政编码划分的地图自动计算选区和选民。参加选举的个人可以在家中通过 GEMs 进行选举，他们只需把自己的计算机和 GEMs 终端联结，然后输入自己支持的政党，或者在可转移选票上按排名列出这个国家的候选人名单。输入他们的秘密个人识别编码，然后把选票发送到中央计算机，然后由计算机在投票结束之后，自动用表格统计出选举结果，并公布于众。如

---

① 即 The Guarantee Electronic Markets 的缩写，译作"公设电子市场"，是一种以因特网为基础的虚拟市场。

果选举人的确投过票，那么 GEMs 会保留记录以防他重复投票，但是关于他个人推选了谁作为候选人是没有记录保留的。每个竞选者所获选票是由计算机统计的，但是关于谁支持了这个竞选者并投了他的票，这种具体信息是 GEMs 中央计算机所不能提供的……

运用 GEMs 投票将会非常方便，而且也不花国家一分钱。运用 GEMs 进行的投票活动不必仅仅局限于选举日。在瑞士，全民公决已经组织了很长时间。在拥有 7 000 000 人口的瑞士，如果能够收集到全国人口 0.7% 的签名，那么就能支持对于任何法律提案进行全民公决。在任何国家，GEMs 都能够给予其用户这些资格、能力和机会：任何人都可以在 GEMs 上就任何事情或提议发起瑞士风格的全民公决，其他人都可以选择性地在 GEMs 上用个人识别编码签名表示支持这项提议……

在这种全民公决很容易的时代，为了避免人们在情绪激动时，一时冲动做出错误的判断和表决，GEMs 可以采用重复投票的形式进行全民公决。例如，就同一个问题或倡议，GEMs 会安排四次全民公决，每一次投票的间隔时间也许为一个月。对于那些对这个问题持有长期兴趣的人来说，他们就有了更多的思考时间，有了更多的机会去收集更符合实际情况的公众民意舆论抽样调查，然而对于那些对这个问题不感兴趣的人或者持中立态度的人或者还没有形成自己观点和看法的人来说，他们可以弃权，而不必在四次投票的每一次投票日都要费心劳神地去投票①。

（2）制度平台。激励和规范创新实践主体行为的制度，建立了创新的竞争与合作的规则，开辟了创新资源的流动空间，协调着创新实践主体之间的关系，促进和保障着创新活动的展开。例如，就技术创新实践而言，它需要一定的制度平台作为保障，专利制度就是一个非常有力的制度平台。专利制度的重要作用主要表现为：第一，有效地保护发明创造，发明人为其发明申请专利，专利局依法将发明创造向社会公开，授予专利权，使发明人在一定期限内对其发明创造享有独占权，把发明创造作为一种财产权予以法律保护，从而鼓励公民、法人搞发明创造的积极性，充分发挥全民族的聪明才智，促进国家科学技术的迅速发展；第

---

① 罗文. 网络淘金. 董振华，等译. 北京：新华出版社，2002：91-95.

二，促进发明技术向全社会的公开与传播，避免对相同技术的重复研究开发，有利于促进科学技术的不断发展；第三，有利于发明创造的推广应用，促进先进的科学技术尽快地转化为生产力，促进国民经济的发展。在经济全球化和信息网络化的时代，技术创新实践更加需要制度的规范和引导，并且伴随科技活动的全球化，这些规则、制度也开始全球化，以保障技术创新实践的正常进行。全球经济一体化和国际贸易的发展，对知识产权法律的统一性提出了更高的要求，国际保护规则趋同化以及国际执法协调力度不断加大的趋势日益明显。制度平台不仅仅是专利制度，还有其他的一些制度作为基础，例如，随着知识经济时代的到来，跨国公司又开始在全球范围内对知识和技术进行整合，这一行为的集中表现就是跨国公司技术创新的全球化，即研发的全球分散化和研发的国际战略联盟。目前全球的跨国公司之间已签订了大约 4 000 份技术战略联盟协议，这种联盟的具体形式有很多种，如大企业与中小企业之间形成的技术商业化协议，即由大企业提供资金与市场营销力量等，由中小企业提供新产品研制计划，合作进行技术与新产品开发。又如合作研究小组，即各方将研究与开发的力量集中起来，在形成规模经济的同时也加速了研究开发的进程。与此类似的还有联合制造工程协议，即由一方设计产品，另一方设计工艺。这样的制度平台对于企业来讲，具有以下几个方面的收益：第一，有利于缩短新产品开发的时间；第二，有利于分摊高昂的开发投资费用；第三，有利于参与国经济利益的共同增长；第四，国际战略联盟有利于提高规模经济效益；第五，国际战略联盟有利于规避经营风险。

（3）组织平台。创新需要一定的组织形式和组织平台，例如，理论创新实践要社会科学研究院所、高校、理论宣传研究机构作为平台，以形成科学家群体，使学术思想和观点相互碰撞和启发。制度创新实践要以一定的组织作为平台，以便制度的生产和实施。技术创新实践，要促进不同主体之间的整合与互动，促进知识和技术在不同创新主体之间的高效流动，即要以既有的知识、技术存量为依托，以相关的制度安排为支撑，同时也要以必要的组织形式为载体。人类科技系统不断拓展的过程，既是科技活动的主体互动不断强化的过程，也是其相互作用的组织形式不断变迁的过程。不论是国外创新行为的演变，还是中国初步的实践经验都证明，在促进产学研的合作、使创新主体和创新资源进入经济建设主战场的"推力"和"拉力"有机结合起来方面，与创新相关的机构、组织（如政府部门、教育培训机构、中介服务机构）的健全与完善，沟通着创新网络间的联系，强化了创新实践主体间的相互作用。这样的组织平台有很多种形式，例如，生产力促进中心、大学科技园、科技企业孵化器、技术市场、技术转移机构、高科技工业园区等等。以高科技工业园区为例，这种组织平台对于促进科技创新实践的发展具有重要的意义和功能：第一，集聚功能，凭借在知识、技术或制度方面的比较优势，使原本分散于不同社会组织中的创新资源集聚起来并协同发挥作用；第二，孵化功能，孵化、培育高新技术成果、科技创业者以及科技小企业，促使其逐渐发展和成熟；第三，扩散功能，知识和技术迅速传播并促使应用该知识或技术的高新技术企业不断繁衍壮大；第四，渗透功能，扩散后的知识或技术被应用于其他产业，并使其经济效益产生质的飞跃；第五，波及功能，知识、技术或组织制度等方面的扩散、渗透和示范对开发区所在地区经济、科技、社会等方面的促进作用。

创新实践的主体与中介之间的矛盾是一个永不完结的过程，一方面，通过创新实践人们获得了进行进一步创新实践的中介，从而暂时解决了中介与主体之间的矛盾。另一方面，新的矛盾会在更高的层次上产生，也迫使创新实践主体提高自身的能力、积极地改变其变革创新实践客体的中介，从而在较高层次上达到新的和谐。正是在创新实践主体与中介之间的矛盾运动中，二者都得到了发展，从而不断地开辟新的创新实践客体，获得新的创新实践成果，人们的创新实践能力也同时得到了进一步的发展。正是在创新实践主体、中介和客体不断发展的基础上，生产力水平不断提高，从而推动着人类社会的不断进步。

二、创新实践的外部环境

人类的创新实践，一方面是自己智慧和能力的充分表现，是人类本质力量的外化；另一方面是对人类生存空间和生存方式的创新。一方面，人类的创新实践创造性地改变着客观世界；另一方面，客观世界的改变也改变着人类自身。也就是说，人的创新实践改变着环境，同时改变着的环境又在改变和影响着人自身以及人的创新实践。具体来讲，创新实践的环境主要由三个方面构成。

（一）文化环境

人是文化的存在，文化是人的存在的标志与符号，"**是一本打开了的关于人的本质力量的书**"①。文化一旦产生形成，就作为一种社会历史性的存在，发挥着"化人"的功能，引导控制着人的活动及其效果，也包括人的创新活动。文化是一种创新，但对于后人来说又成为一种传统，是后人从事各种活动包括创新活动必须与之交往的环境。文化对于创新实践的作用主要表现在以下几个方面：

第一，文化是历史的遗产，规定了创新实践的基础与前提。文化的可延续性、可传承性决定了文化的脐带是不可能剪断的，人的创新实践只能从历史所规定的前提出发。马克思指出："历史的每一阶段都遇到一定的物质结果，一定的生产力总和，人对自然以及个人之间历史地形成的关系，都遇到前一代传给后一代的大量生产力、资金和环境，尽管一方面这些生产力、资金和环境为新的一代所改变，但另一方面，它们也预先规定新的一代本身的生活条件，使它得到一定的发展和具有特殊的性质。"② 恩格斯同样也指出："我们自己创造着我们的历史，但是第一，我们是在十分确定的前提和条件下创造的。其中经济的前提和条件归根到底是决定性的。但是政治等等的前提和条件，甚至那些萦回于人们头脑中的传统，也起着一定的作用，虽然不是决定性的作用。"③ 创新是依托原有的历史创建新的历史，凭借已有的传统开创新的传统。现有的历史传统是创新实践的基础性条件，它预先规定了各种创新实践可以利用的资源以及可能遇到的问题。

第二，文化为创新实践提供了源源不断的能量与动力。创新实践不是纯粹的无中生有的过程，必须运用各种资源才能得以运转。无论是知识创新实践、技术创新实践还是制度创新实践都要利用现有的文化资源，例如，信息的多种载体、传播的多种媒介、知识共同体等文化资源，否则创新实践就无法正常进行。人类发展史表明，人类从蒙昧时期

---

① 马克思，恩格斯. 马克思恩格斯全集：第42卷. 北京：人民出版社，1979：127.
② 马克思，恩格斯. 马克思恩格斯选集：第1卷. 2版. 北京：人民出版社，1995：92.
③ 马克思，恩格斯. 马克思恩格斯选集：第4卷. 2版. 北京：人民出版社，1995：696.

到文明时代，花了几百万年的时间，而从进入文明时代后，人类只用了几千年的时间就拥有了现在高度文明、繁荣的文化，特别是从 17、18 世纪以后，人类在短短的几百年间所取得的创新实践的高速发展，都和文化发展、创新和积累所提供的能力和动力分不开。全球化改变了文化积累的方式和途径，使之不仅表现为一个民族内部的纵向积累，同时表现为由不同民族之间互相交流而形成的横向积累。这种横向的交流、积累，减少了文化创造、发明的重复性，加快了文化积累的步伐。在全球化时代，某一个国家完全可以通过向其他国家、民族学习，直接吸收其新的文明成果和文化特质，从而站在一个较高的起点上创新和发展自身的文化，从而为创新实践提供更加丰厚的文化基础。

第三，文化中的伦理道德、价值观念、社会习俗、宗教信仰等直接影响着人们的活动方式，当然也直接影响着人们的创新实践。这些文化因素对人们的创新态度起着导向的作用，塑造或扼杀人们的创新精神，激发或摧残人们的创新潜能。翻开历史，直至元朝末年，华夏大地在科技和经济等很多领域都处于世界领先地位。如在算法、天文学、农学、水利工程、造纸、印刷、编织等方面，我们都有很多令人骄傲的成就。为什么后来落伍了呢？其中一个重要的原因就是中庸取向的价值观和厚古薄今、顺天承命的意识对创新意识的摧残，这种价值观和意识使很多创新的萌芽或被扼杀、或被扭曲成病态。而与此同时，欧洲在文艺复兴的人文主义思潮与启蒙主义思潮的影响下，正经历着一场深刻的资产阶级革命。17、18 世纪，英国较为宽松的宗教背景，吸引了一大批为科学献身的修道士，为牛顿等科学家的科学探索与瓦特等发明家的发明创造提供了合适的环境，使英国通过工业革命一跃成为世界科学中心与产业发展中心。美国的后来居上，同样与其不断营造和优化有利于创新的良好文化氛围分不开。美国是一个移民国家，是冒险家的乐园，在这里，多元文化相互包容，其竞争意识、创业胆识、宽容失败的传统受到推崇，这一切为创新提供了有利的文化氛围。

根据文化与时代的关系，可将文化分为先进文化与落后文化。创新的本质与先进文化的本质是一致的，显而易见，先进文化是有利于创新、促进创新的文化，落后文化则是不利于创新、阻碍创新的文化。先进文化是面向现代化、面向世界、面向未来的文化，是充分体现时代精神和创造精神的文化，是弘扬科学知识、科学方法、科学思想、科学精神的文化，这些都满足了创新的文化要求。

（二）制度环境

创新实践不仅受文化环境的影响，需要文化环境的支持，而且还受制度环境的影响，需要制度环境的支持。那么，制度是什么？

马克思在《德意志意识形态》中指出："制度只不过是个人之间迄今所存在的交往的产物。"① 按照马克思的观点，人们为了生存必须进行物质实践，实现人与自然之间的物质变换，从而解决需求与满足之间的矛盾。因为人是以类的力量与自然发生关系的，所以为了实现人与自然之间的物质变换，人和人必须交换其活动，并必然结成一定的社会关系，社会关系不过是人们的物质的和个体的活动所借以实现的必然形式，而社会关系的结成必然要依靠一系列的制度条件才能得以实现。

制度是一个历史性的范畴，在不同的历史阶段人们具有不同的制度需求，这是由生产力的水平决定的。例如，在手工生产时代，自然资源主要是生存环境所提供的"直观资源"，驱动手工工具的动力主要是人的体力和自然力。在这种情况下，（血缘群体关系的）生存制度对于驱动人类体力的数量以及对自然力的利用起着重要的作用。在大机器生产时代，科学技术创新使人与自然交换的性质和水平发展到一个新的阶段。在这种情况下，（分工协作的）工厂制度、管理制度、组织制度对于提高人与自然交换的性质和水平具有重要的作用。当科技创新及其在工业中的应用日益成为生产力发展的内在组成部分的时候，技术发明的产权制度以及科学发现的保护制度对生产力的发展也越来越重要。

按照历史唯物主义的观点，生产力总是与一定的生产关系和上层建筑相联系的。创新实践的展开除了受创新实践主体自身创新能力的制约外，还受制于与创新实践相关的制度因素，即创新实践还需要有与之相宜的制度条件，依赖于有利于创新的各种制度安排。对于创新实践，制度的重要性至少体现在以下几个方面：

首先，创新实践的展开需要一个自由民主的制度环境。创新实践的

① 马克思，恩格斯. 马克思恩格斯全集：第3卷. 北京：人民出版社，1960：79.

过程中有一个质疑权威的问题。从尊重权威到质疑权威，再到超越权威，这是一个不断发展的过程，也是创新实践不断展开的过程。创新实践总离不开对前人成果的继承，正像牛顿所说，他之所以站得比别人更高，只是因为他站在巨人的肩上，因此，创新实践的进行首先要尊重权威。然而，创新实践不只是对前人的成果加以肯定就完成了，它还包含着对前人成果予以批判基础上的另辟蹊径，后者往往具有更重要的意义。所以，创新实践离不开尊重权威基础上的质疑权威，唯有如此才能够超越权威。例如，爱因斯坦的相对论的创立就是在质疑牛顿的绝对时空观的基础上完成的，从而给科学的发展带来了划时代的进步。试想如果爱因斯坦不敢质疑权威，那么他的相对论从何而来，他又怎么能够实现对权威的超越呢？由此可见，创新实践需要科学精神、怀疑精神和批判精神，正是在批判性继承强烈的思想撞击中，创新实践才得以实现。而批判精神的弘扬是以自由民主的制度环境为条件的，如果没有宽松的制度环境，那么谁还敢批判，谁还能够批判，谁还愿意批判，恐怕"明哲保身""得过且过"是最明智的选择，创新实践何以发生？但在我们的文化传统中，受儒家文化和封建等级观念的影响，与古希腊"吾爱吾师，吾更爱真理"的文化传统大相径庭的是，在学术师承上，我们往往恪守"亲亲、尊尊、长长"的伦理原则，而任何批判性的继承，往往被视作欺师灭祖的大逆不道之行。中国近代科学技术落后的原因固然包含着多重的政治、经济、文化和社会因素，但其中严酷的封建专制制度对自由的压制，不得不说是影响创新最为突出的因素。明清时期，高度集权的封建专制对知识分子的思想钳制空前强化，各种严刑苛法窒息着所有的思想火花，到了清代，不仅屡兴文字狱，学校"卧碑"上的训词规定"军民一切利病，生员不得上书陈言；如有一言建白，以违制论，黜革治罪"①。这种专制制度对自由的扼杀窒息着人们创新的欲望，导致了创新实践缺失的局面。因此，只有在自由民主的制度环境中，创新实践才能够竞相迸发。正如爱因斯坦所说："只有在自由的社会中，人才能有所发明，并且创造出文化价值。"②

其次，创新实践主体的主观能动性的发挥需要制度的激励。要使主体的主观能动性充分发挥出来，就必须有物质和精神等方面的激励，这

---

① 熊贤君. 中国教育行政史. 武汉：华中理工大学出版社，1996：295.

② 爱因斯坦. 爱因斯坦文集：第3卷. 北京：商务印书馆，1979：48-49.

就要形成相应的激励机制——制度的一个重要部分。制度是人和组织用来适应环境的"软件"。它通过理性预期向人们提供激励：应该做什么、怎么做以及这么做的预期收益（正向激励）；不要做什么以及这么做的成本（负向激励）。创新实践具有探索性、创造性。创新实践要获得成功，既要有对未知事物自发的好奇心，更要有对创新实践的强烈需求，而不同的制度环境对创新实践的需求是不一样的。以技术创新实践为例，在计划体制的制度安排下，所有的创新都必须经过上级领导的批准。某人在发现创新的机会后，必须要说服他的同事和上级接受他的想法。试图进行创新的个人会发现：如果创新取得成功，创新者将与其上级和同事共同分享创新收益；而一旦创新失败，上级就会怪罪创新者，全部的责任将由创新者承担。因此，在计划体制下，无论是工厂还是技术管理部门都缺乏足够的持久的创新动力。因此，制定对创新实践的激励制度，主要就是建立创新成果与创新者所得之间的确切联系。科学合理的激励制度既可以通过增强个人对创新成功的渴望而提高其创新努力程度，也可以通过最大限度地满足个人需要而刺激个人的创新努力。

再次，创新实践的展开需要避险制度的保障。因为所有的创新都意味着突破，意味着不确定性，也就意味着创新实践者要面临较高的风险。就技术创新实践而言，研究开发对于企业，特别是大企业来说是非常必要的，但风险很高。所以企业一方面要搞研究开发，另一方面又要竭力规避风险。因此为了促进企业创新实践、提高产业的国际竞争力，国家必须创立新的避险制度，例如为高新技术企业建立风险保障制度以及企业风险投资制度，帮助企业分担创新实践中的风险，保护企业的创新实践热情。制度创新实践也是如此，需要一个鼓励创新、支持创新、宽容失败的制度环境。制度创新实践具有更大的风险性，创新者不仅要面临一定的经济风险，还要面临不同程度的政治风险，甚至有些人还要面临生命危险。这种事情并不鲜见，我国古代的商鞅、王安石、"戊戌六君子"等制度革新者的结局没有一个是好的。这种"天不变道亦不变"的制度环境在很大程度上窒息着中国古代人民群众的创新精神。我们缺乏的也正是这么一种精神，因此我们必须通过制度上的不断创新，保护人"大胆试、大胆闯"的创新精神，不能动不动就"扣帽子""打板子"。我国各方面改革所取得的成功，都和建立了相对宽松的政治制度环境分不开。

最后，创新实践需要不断改进制度的结构，建立新的制度安排。例如，现在的计算机网络、生命科学的发展，都要求有创新的制度予以支持。如果没有相应的制度变革创新，科技领域的重大突破并不总会自动转化为现实生产力。假如我们承认不同的民族和国家的人民有着同等或相近的科技创新能力，有着同样的发明创造的智慧，那么对现实各个国家和地区之间生产力发展水平差异的解释，就只能归于制度方面的因素了。国家与地区之间的竞争，有人说是科技实力的竞争，也有人说是人才的竞争，但从一定意义上说，还是制度的竞争：看谁的制度更能适应并推动生产力和经济的发展，在今天，则重点看谁的制度更能适应和推动技术进步，更能鼓励和支持创新。

（三）资源环境

创新实践的展开需要一定的资源环境做支撑。因此，对于创新实践而言，仅仅由文化环境和制度环境做支撑是远远不够的，还需要有充足的资源环境。具体来说，创新实践所需要的资源环境有以下几个方面：

首先，丰富的人才资源环境。创新实践需要大量高素质的科技人才，而教育状况的好坏决定着人才培养的质量、人力资本的形成状况。教育是立国之本、科技腾飞之翼，离开教育水平的提高，高技术的创新和发展便成了无源之水。改革开放以来，我国教育改革和发展取得了重大成就，但教育发展水平仍然较低，教育结构和体制、教育观念和方法还远远不能适应我国高技术发展的需要。同时，我国人才流失现象也非常严重。根据教育部 1999 年 1 月公布的数字，1978—1997 年，我国各类出国留学人员累计 29.3 万人，回国工作的只有 9.6 万人。目前，发达国家纷纷放宽对高素质人才移民、定居的限制，同时，凭借自身强大的经济实力和优厚待遇吸引世界各地的优秀科技人才，通过发展事业、优化环境、改革体制、提高待遇、融洽感情等方式吸纳和稳定高技术人才。只有具有全球化的视野和开放性的思维，培养和吸引高素质人才的战略和政策措施才能富有成效，才有可能打赢这场事关民族振兴的人才争夺战，推动我国高技术的创新和发展。

其次，强有力的经济支撑环境。创新实践是一种高投入、高风险、高效益的创造性活动，强有力的经济支撑是它获得成功的首要条件。创新实践所需要的基础设施，如大型实验装置、精密仪器设备、信息网络台站、创新试验中心、人才培养基地以及学术研讨交流、图书期刊资料、人员劳务报酬等方面，都需要投入大量的资金，如果没有充足资金的供应，那么肯定会影响创新实践的正常展开，甚至有些创新实践根本就无法进行。

再次，丰富的文化资源环境。资源可分为自然资源与文化资源，文化是由人所创造的，它服务于人的各种需要，同时也就成为人从事各种活动可资利用的现成资源。文化资源形成的历史是依靠文化创新所进行的文化积累过程。文化积累是人类文化发展的基本特征。克罗伯认为："文化发展的过程是增加的，因此也是积累的，而生物进化的过程是代替的过程。"① 文化积累提高了人的文化创造能力。人不但能通过习得遗传获得上一代进化的成果和先天优势，而且可以通过后天的学习继承人类的文化成果，并将其积累下来作为参与文化创造的基础，这样人会变得更加聪明能干，人类文化创造的基础也越来越丰富。而且，文化的积累使文化的发展进步呈现加速度的趋势。文化积累是民族文化生存和发展的前提，然而，只有量增加的积累不可能满足实践发展的要求，实践的发展特别是其划时代的变化必然要求民族文化不断创造出新的形式和内容。从一定意义上说，没有文化创造性的变革，文化积累就失去了动力和方向，甚至可能反过来成为民族进步的精神包袱。因此，文化创造是文化积累的意义和目的。文化资源的占有和利用为创新实践提供着丰富的资源环境。以美国为例，为什么美国这样一个只有200多年历史的文化资源小国，却能在文化生产和传播上有那么大的能量和影响，成为世界文化输出的"巨无霸"，而我们这个有5 000年文明的泱泱大国、曾经引领过世界先进文化的文明古国，在今天却难以占据应有的地位？文化资源的多少，在一定程度上取决于我们是否以开放的心态去开发和吸收。马克思主义的态度是要勇于继承人类历史上一切优秀文化遗产，古为今用，洋为中用。在文化这个问题上，借鉴就是无偿地借用；谁的借鉴能力强，谁就会占有更多的文化资源。美国本身的文化资源的确有限，但它不仅把整个从古希腊开始的欧洲文明作为自己的文化源泉，而且积极吸取非洲和包括中国在内的东方文化的养分。反之我们在"文

---

① 覃光广，等. 文化学辞典. 北京：中央民族学院出版社，1988：145.

革"期间，由于拒绝和排斥几乎所有的古代文化和外来文化，弄到了"八亿人民八年看了八个样板戏"的境地，结果是我国文化资源极度贫乏，人民群众的文化权益受到了极大的损害。这个惨痛的教训一定不能忘记。

最后，信息资源环境。网络信息是构成自然界和人类活动以及正在到来的信息化社会最基本的元素。科学技术在18—19世纪所取得的空前进步，使人们认识到：信息是可以与物质和能量相提并论的，是用于维系人类社会存在的三大因素之一。由于我们所面临的环境具有不确定性，而任何理性的决策都必须依赖于信息，获得信息能减少不确定性。因此，信息量越大，不确定性就越小，有利于优化决策，获得更大的效益。这种效益不只是经济效益，而且可能是多方面的效益。

三、创新实践的生成机制

创新实践是以主体、客体、环境和中介为基础构成的一个完整系统的功能效果，创新实践的展开过程正是整个系统功能发挥的过程，功能的发挥自然离不开创新实践的发生机制。那么，创新实践为什么能够产生又是如何产生的呢？即创新实践的生成机制是什么，这是创新实践问题研究亟待解决的一个元理论问题。本人认为，人的"自由的自觉的活动"本质上是创新实践生成的内在依据，人的不断发展着的需要是创新实践生成的深层动因，对常规实践的革命性变革是创新实践的实现方式。

（一）人的"自由的自觉的活动"本质是创新实践生成的内在依据

在马克思看来，在人与动物相区别的本质规定上，人类实践是人的自由自觉的创造性活动，这种自由自觉的实践既把人与动物区别开来，又充分展示了人的类本质。马克思指出：人的自由自觉的活动"创造**对象世界，改造**无机界，人证明自己是有意识的类存在物"[①]。因此，"人的类特性恰恰就是自由的有意识的活动"[②]。诚然，一切实践都具备创

---

①② 马克思，恩格斯. 马克思恩格斯选集：第1卷. 2版. 北京：人民出版社，1995：46.

造性，都有一定的自由自觉性，但是常规实践在实践的目的、手段、方式、对象等方面是被事先规定好的或者是早有先例的，人的"自由的自觉的活动"的本质在常规实践中受到了限制，是不能充分展开和体现的。创新实践则不同，它是一种更加积极的、开创性的、探索性的、自由自觉的活动，它不仅同动物的本能活动本质地区别开来，更重要的是又和自由自觉活动受到限制的惯例性的常规实践区分开来。正是在创新实践的过程中，人充分表现、实现和确证着自己的内在本质力量和主体性，因而人的"自由的自觉的活动"的类本质是创新实践生成的内在依据。

首先，人的"自由的自觉的活动"的创造性，是创新实践开创性本质生成的内在依据。创新实践是一种开创性的、突破既有实践方式并能取得创新成果的实践，从而从更深的层次上更能体现人的自由自觉活动的创造性。在常规实践中，虽然实践者也必须发挥自身的能动性和创造性，以便更快更好地掌握和从事相应的实践，但常规实践在实践的目的、手段、方式、对象等方面与先前的实践具有同质性，其实践的成果与先前的实践相比只是量上的不同，并不具有质上的差异，因而，常规实践是可以模式化、程序化、标准化和重演化的惯例性实践。创新实践则在实践的目的、手段、方式、对象等方面不同于先前的实践，是在已有实践基础上开展的自觉能动的创造性活动，必须突破已有的实践方式并且取得创新性的成果。人们通过创新实践，在内涵上、在质上对常规实践进行改造和提升，对常规实践进行"创造性的破坏"，从而使实践在新质上进行，为此，实践者必须充分发挥自身的能动性和创造性。可见，创新实践较之于常规实践，更能体现实践的能动性和创造性，创新实践的过程恰恰是人的"自由的自觉的活动"的创造本质的充分展现和外化的过程。

其次，人的"自由的自觉的活动"的自主性，是创新实践主体性本质生成的内在依据。最能体现人的本质的人类实践活动应该是"自由的自觉的活动"，在这样的活动中，人们切实感到自己是活动的主人，能够产生活动的热情，关心活动的结果，迸发想象力和创造力，从而充分体现主体意识。主体性是在认识和改造世界时体现出来的本质属性，是人的最集中、最深刻的本质特性，是人性的精华。常规实践虽然也具有一定程度的主体性和自觉性，但是在此过程中，人们的活动是运用事物已被发现了的规律、属性和关系，生产的方式、组织的形式是按照先前的规则重复进行的，因而，人的主体性是没有得到充分发挥和体现的，是一种低水平的主体性活动。然而，创新实践则不同，它需要突破原有的认识，掌握新的属性和规律，采用新的生产方式和组织方式，创造出新的实践产品，它要最大限度地激活主体的各种能量和潜能，最能表现出人的真正本质，因为它是一种主体的全身心的、忘我的活动，也是一种充分发挥主体的各种能力和各种潜能的活动。人的"自由的自觉的活动"的自主性本质得以充分地发挥和展现，就外化并集中表现为创新实践的主体性本质。

最后，人的"自由的自觉的活动"的批判性，是创新实践超越性生成的内在依据。创新实践是一种超越性很强的活动，它不局限于人类既有的实践成果，而是要创造先前并不存在的实践产物，因而更能体现人的对象化活动的深层本质。动物的一切活动为固有本能所局限，它虽然也会趋利避害，存活求生，但动物的生存却无所谓"目的"，动物的生存也需要客观条件，却不会主动地改变既存的条件。而人却通过设定特殊的目的来指导自己的行动，人不满足于既定的现实世界，而是要不断地设定目标、不断创造最适合自身存在的人化世界。人的这种对于现实的超越性是在一系列的认识、实践过程中体现出来的。虽然实践是人类能动地改造客观世界的物质活动，不论是常规实践还是创新实践无疑都具有能动地改造世界的功能，是改造世界的对象性活动，但是，创新实践是对常规实践的突破，能够扩大人类认识世界和改造世界的深度和广度，使更多的自在世界转化为人为世界。在创新实践的过程中，实践者主体更加自主能动地把自己的体力和脑力对象化到新的创造物上，使观念的东西和人的内在本质力量现实化、外在化，更加深刻地体现了人的对象化活动的超越性本质。

可见，创新实践是人的"自由的自觉的活动"类本性的外化过程，是人的内在尺度与物的外在尺度相结合的过程，这种结合的结果则是一个属人的世界，一个由客观规律性和主体目的性共同支配的为我的人化世界，人就是这样在实现自己的生存和发展目的的过程中，不断展示着自己的"自由的自觉的活动"的创造本质的。

（二）人的不断发展着的需要是创新实践生成的深层动因

根据唯物史观，人的需要是由人的存在决定的。对于人来说，没有需要就意味着生命的终止，缺乏需要就意味着人性的贫瘠，需要的丰富也就意味着全面的发展，正如马克思所说的，"**需要即他们的本性**"①。人的一切活动，包括创新实践都是为了自身的存在而展开的，而为了自身的存在，他们必须满足自身的需要。人是作为自然的、社会的和精神的存在物而生成和发展的，这就决定了人们至少要满足相应的需要，即维持人的生命运动与延续的各种条件构成了人的肉体的、经济的、物质的自然需要，保证社会存在与运行的各种条件构成了人的交往的社会需要，满足人的心理生活、思维活动的各种条件构成了人的信息的、情感的、文化的精神需要。正是在自然的、社会的和精神的多重需要的推动下，人类的创新实践才不断地展开和发展。

首先，不断发展着的人的自然需要是创新实践的原发性动力。人的存在首先表现为一种生命有机体的存在，这就决定了人必须满足自己的自然的物质需要。作为一个生命有机体，人有从外界摄入物质能量和信息以维持其生命的需要，这就是最基本的自然需要，从这个意义上说，需要即生命。这一点正如马克思所指出的那样："任何人类历史的第一个前提无疑是有生命的个人的存在。因此第一个需要确定的具体事实就是这些个人的肉体组织，以及受肉体组织制约的他们与自然界的关系。"② "象野蛮人为了满足自己的需要，为了维持和再生产自己的生命，必须与自然进行斗争一样，文明人也必须这样做；而且在一切社会形态中，在一切可能的生产方式中，他都必须这样做。"③ 除了少数对象（如阳光、空气等）外，人的大部分需要是不能自动满足的，而要通过人自身的实践、创造来满足，因此，从这种自然生命存在出发，人类必须从事实践活动尤其是创新实践来满足自己日益丰富的自然需要。正如马克思和恩格斯在《德意志意识形态》中所指出的："我们首先应当确定一切人类生存的第一个前提，也就是一切历史的第一个前提，这个前提是：人们为了能够'创造历史'，必须能够生活。但是为了生活，首先就需要吃喝住穿以及其他一些东西。因此第一个历史活动就是生产满足这些需要的资料，即生产物质生活本身"④，"可以根据意识、宗教或随便别的

① 马克思，恩格斯. 马克思恩格斯全集：第 3 卷. 北京：人民出版社，1960：514.
② 同①23.
③ 马克思，恩格斯. 马克思恩格斯全集：第 25 卷. 北京：人民出版社，1974：926.
④ 马克思，恩格斯. 马克思恩格斯选集：第 1 卷. 2 版. 北京：人民出版社，1995：78-79.

什么来区别人和动物。一当人开始**生产**自己的生活资料的时候，这一步是由他们的肉体组织所决定的，人本身就开始把自己和动物区别开来。人们生产自己的生活资料，同时间接地生产着自己的物质生活本身"①。"一句话，动物仅仅**利用**外部自然界，单纯地以自己的存在来使自然界改变；而人则通过他所作出的改变来使自然界为自己的目的服务，来**支配**自然界。"② "人们用以生产自己的生活资料的方式，首先取决于他们已有的和需要再生产的生活资料本身的特性。这种生产方式不应当只从它是个人肉体存在的再生产这方面加以考察。它在更大程度上是这些个人的一定的活动方式，是他们表现自己生活的一定方式、他们的一定的**生活方式**。个人怎样表现自己的生活，他们自己就是怎样。因此，他们是什么样的，这同他们的生产是一致的——既和他们生产**什么**一致，又和他们**怎样**生产一致。"③ 在这个过程中，人们就是通过创新实践来不断发展生产方式的。例如，原始人为了生存的需要，要不断地采集果实，捕猎野兽。但是，大自然并没有给人类一件完整的礼物，即使是石头，原始人也不满意，要把它弄尖，或经过砍削制成刃器——这就是创新实践。同时，人的自然需要是不断发展的，当人类已有的实践方式已经不能满足人们不断发展着的需要的时候，自然界又不会自动满足人类新的需要，那么人类只有依靠新的生产方式提高生产力，创造更多更新的物质产品以满足自身的需要，而这一切都离不开人的创新实践。

　　其次，不断发展着的人的社会需要是创新实践的继发性动力。人也是一种社会性的存在，这就决定了人具有交往的社会需要。这种需要便促成了一定的社会联系和社会活动。马克思指出："**真正的社会联系**并不是由反思产生的，它是由于有了个人的**需要**和**利己主义**才出现的，也就是个人在积极实现其存在时的直接产物。"④ 人们的种种需要都是通过一定的社会活动和社会关系来满足的，尤其是社会性需要是直接通过社会交往和社会关系来实现的。正如 1846 年马克思在致帕·瓦·安年科夫的信中所指出："社会——不管其形式如何——是什么呢？是人们交互活动的产物。人们能否自由选择某一社会形式呢？决不能。在人们

---

① 马克思，恩格斯. 马克思恩格斯选集：第 1 卷. 2 版. 北京：人民出版社，1995：67.
② 马克思，恩格斯. 马克思恩格斯全集：第 20 卷. 北京：人民出版社，1971：518.
③ 同①67-68.
④ 马克思，恩格斯. 马克思恩格斯全集：第 42 卷. 北京：人民出版社，1979：24.

的生产力发展的一定状况下，就会有一定的交换〔commerce〕和消费形式。在生产、交换和消费发展的一定阶段上，就会有相应的社会制度、相应的家庭、等级或阶级组织，一句话，就会有相应的市民社会。有一定的市民社会，就会有不过是市民社会的正式表现的相应的政治国家。"① 同时，个人需要的满足、个人的发展程度是和社会交往实践方式的丰富性和复杂性分不开的，从这个意义上可以说，人的发展的全面性是其现实关系和观念关系的全面性，它取决于社会交往关系的丰富性、全面性，只有当社会交往关系的发展达到了某种丰富性即全面性，人才能通过在全面的社会交往关系中的全面性活动，亦即人们之间普遍的相互交往而获得全面的发展，达到自身的全面性。为了保障社会交往的顺利进行、维持正常的社会关系，人们必须依赖一定的社会结构和交往规则，其主要组成部分就是制度。制度对于社会交往实践的作用主要体现在两个方面：一方面，制度作为一种激励机制，通过提倡什么、鼓励什么、压抑什么，引导人们的行为方向，改变人们的偏好，影响人们的选择，激发或者制约人的能力的发挥。另一方面，制度又规范着人们的社会交往关系。在同一社会制度下，人们在特定的环境中进行活动，不同的人在社会关系中的地位不同，社会交往实践也就不同。制度能提供给人们相对稳定的社会关系，从而为人们的社会交往提供良好的秩序，使人们的交往具有可预见性和可信赖性。只有有了适宜的制度，人们的社会交往需要才能比较合理地、有序地得到满足。正如，自然不会主动地满足人的自然需要一样，社会也不会主动地满足人的社会交往需要。人的社会性需要是通过社会的人对人的社会的不断完善来满足的，也就是通过改善已有的和创建新的社会结构和交往规则，从而在更高层次上满足自身的社会需要，而这种改善和创建的过程就是制度创新实践的过程。任何制度都是针对人的某种需要而产生的。不同历史时期存在的各种社会组织（氏族、部落、国家、机关、工厂、学校、医院乃至家庭等等），都是人们为了实现一定的目标，即满足人们的社会性需要而建立的。如果一个旧的行为规范、社会结构已经成为满足人们需要的羁绊，那么制度创新的需要也就产生了，通过制度创新实践进行更好的制度安排成为解决制度需要和制度供给之间矛盾的唯一

---

① 马克思，恩格斯. 马克思恩格斯选集：第 4 卷. 2 版. 北京：人民出版社，1995：532.

方式。

最后，不断发展着的人的精神需要是创新实践的内源性动力。人还是一种精神生命存在，这就决定了人具有不断发展着的精神需要。这既包括主体自由地发挥智力进行创造性活动的需要（例如认知、求知的需要），又包括其对文化成果享用的需要（如艺术和审美的需要），还包括情感、道德生活的需要。对创新实践，主要是由两种精神需要分别或者共同起着推动作用的：一种是享受精神成果的需要。人们对某种精神成果具有享受和消费的需要，这种需要推动着创新实践者积极进行创作以满足人们的需求。这种需要主要是通过功利性的方式来满足的，例如有些作家进行文学创作的动机可能是获利，而别人要想消费这一文学成果以满足自己的精神需要，就必须首先在一定程度上满足作家的赢利目的。另一种是创造精神成果的需要。这种精神需要是通过超功利性的方式来满足的，一些人超越世俗，为了纯粹的精神追求而从事精神创造活动，如阿基米德为真而求真，如苏格拉底为善而崇善，如贝多芬为美而审美。古希腊哲学家亚里士多德曾经说过："求知是人类的本性。"人类对未知事物的探索分为两个方面：一是对客观事物的辨认。从远古时代，人类对身边的客观事物就进行探索认识：神农氏尝百草，不仅使人类发现了药材，而且教会人们播种五谷……直到今日，人类仍不断对太空进行探索，究竟 100 亿光年以外的天体是不是类星体？除人类以外宇宙间是否存在外星人？二是对事物因果关系的探索。这是对科学原理和自然规律的探索。古希腊哲学家德谟克利特曾说："宁可找到一个因果的解释，不愿获得一个波斯王位。"这位哲学家的名言，确切地说明了人们求知欲望和科学探索的非功利性。正是这种对知识和真理的追求，才使人类有了许多重大的发现。科学史上也因此而留下了许多动人的故事：布鲁诺为坚持"日心说"宁可被罗马教廷烧死在罗马鲜花广场也绝不放弃自己的信念；居里夫人则历经 4 年，每日坚持重复着烦琐的单一性实验，最终发现了镭；正是这种探索，才使得牛顿力学面世；正是这种追求，才使得爱因斯坦的相对论改写了时间和空间的概念。人类这种求知欲望，这种永恒的创新动力，无一不推动着社会的前进与发展，同时也掀起了一次次科学革命的浪潮。这种追求真理的科学精神，作为一种精神需求始终是推动很多人进行创新实践的精神动力。正如 1918 年 4 月 23 日，在德国著名物理学家普朗克 60 岁生日纪念会上，爱因斯坦所做的关于科学探索的动机演讲中所指出的那样：

> 有很多人之所以爱好科学，是因为科学给他们以超乎常人的智力上的快感，科学是他们自己的特殊娱乐，他们在这种娱乐中寻求生命活动的经验和雄心壮志的满足……
>
> 还有一种积极的动机。人们总想以最适当的方式来画出一幅简化的和易领悟的世界图像；于是就试图用这种世界体系来代替经验的世界，并征服它。这就是画家、诗人、思辨哲学家和自然科学家所做的，他们按自己的方式去做。个人把世界体系及其构成作为感情生活的支点，以便由此找到在个人经验的狭小范围里所不能找到的宁静和安定。①

爱因斯坦认为，自己和普朗克一样，科学研究的目的是追求客观描述自然现象，揭示其内在的规律。科学的美感是世界体系的和谐，揭示这种和谐是科学家无穷的毅力与耐心的源泉。爱因斯坦晚年致力于建立统一场论，是因为以玻尔为首的量子力学正统解释不能满足世界体系的和谐。像爱因斯坦这种为科学而科学的人在科学家队伍里面并不是少数。美国西格玛·赛科学研究会在1988年对全美3 300位科学家做过调查，52%的被调查者认为自己选择科学的原因是"探索真理与知识的欲望和强烈的好奇心"以及"对我来说，科学比其他事情更为轻松或更有乐趣"②。

后一种精神需要和精神需要的满足方式更能体现人的本质，因为这本质上是一种创造的需要，也就是创新实践的需要，而创造的需要作为人类恒久的精神冲动，它使人从本质上有别于动物。创造需要的展开突出地表现为主体对真、善、美的追求，是人的发展需要的最高表现，它是人企求充分发挥自己的创造潜能和实现自我价值的欲望和追求，是人的内在本质力量的最高显现。

不仅如此，人的需要还是无限发展着的，从层次来看，马斯洛指出，人的低层次的需要一旦得到满足后，总会提出更高层次的需要；从种类来看，物质需要得到满足后，人就会提出包括求知等精神需要，而

---

① 爱因斯坦. 爱因斯坦文集：第1卷. 北京：商务印书馆，1976.
② 张仲梁，鲍克. 中国科学技术界概观. 北京：中国科学技术出版社，1991：32.

客观世界的广泛性和发展的无限性决定了求知等精神需要的无限性；从需要对象来看，人的需要不仅立足于现存世界，还超越现存世界指向未来世界，这使得"已经得到满足的第一个需要本身、满足需要的活动和已经获得的为满足需要而用的工具又引起新的需要"[①]，也就是说，人的需要是在实践活动的基础上不断地得到满足又不断重新产生。正因为如此，人类的实践活动不仅永不停止，而且不能永远停留在一种低层次、简单重复的活动中，即必须进行创新实践。因为无限发展着的需要必然要通过创新实践的方式来满足，即使是相同的需要，也可以有多种不同的满足需要的手段或方式，这就为创新实践留出了无止境的空间。

（三）对常规实践的革命性变革是创新实践的实现方式

马克思指出："辩证法，在其合理形态上，引起资产阶级及其夸夸其谈的代言人的恼怒和恐怖，因为辩证法在对现存事物的肯定的理解中同时包含对现存事物的否定的理解，即对现存事物的必然灭亡的理解；辩证法对每一种既成的形式都是从不断的运动中，因而也是从它的暂时性方面去理解；辩证法不崇拜任何东西，按其本质来说，它是批判的和革命的。"[②] 革命性和批判性本身就要求质疑和扬弃现有的理论和事物，也就是要否定旧理论、获得新认识，打破旧世界、建立新世界，而这实质上就是创新实践。常规实践虽然也具有创造性，但是从总体上来说，它是按照既有的方式进行的创造性活动，是在对既有实践方式肯定的基础上进行的活动。而创新实践则不同，它已经不能满足已有的实践方式而且已有的实践方式也已经不能满足现实的需要了，因而人们必须以新的方式进行实践，这是对既有实践方式的否定。从这个意义上说，创新实践就是通过对既有的常规实践方式的革命性、批判性的否定过程来开辟自己的实现方式的。

首先，技术创新是通过对既有物质生产实践方式的革命性变革而实现的物质生产创新实践，是解决生产力发展中自身内在矛盾的根本手段。生产实践是处理人类社会和自然界关系的实践活动，而生产实践的发展水平恰恰是通过生产力发展的状况表现出来的。因此，肯定了生产

---

① 马克思，恩格斯. 马克思恩格斯选集：第1卷. 2版. 北京：人民出版社，1995：79.
② 马克思，恩格斯. 马克思恩格斯选集：第2卷. 2版. 北京：人民出版社，1995：112.

实践是人类最基本的实践活动，与肯定生产力是社会发展的最终决定性力量，具有内在的一致性。诚然，重复性的常规生产实践，对于生产力的量的扩张，对于维系人类的生存和发展，是不可或缺的。但是如果没有任何技术创新，人类实践只能停留在一定的水平上，不可能有生产力水平的提高和人类社会的进步。"每一代都利用以前各代遗留下来的材料、资金和生产力；由于这个缘故，每一代一方面在完全改变了的环境下继续从事所继承的活动，另一方面又通过完全改变了的活动来变更旧的环境。"① 这就说明，人们是在继承以前各代遗留下来的实践方式的基础上，不断开创新的实践方式，开辟人类实践的新境界，而在这个过程中，技术创新起了关键性的作用。基于对野蛮时期的实践方式的革命性变革，通过创新实践发生了以火的使用为标志的第一次技术革命，迎来了文明时代；基于对渔猎采集实践方式的革命性变革，通过创新实践发生了农业技术革命，使人类从对自然的过度依赖中部分解放出来，创造了辉煌的农业文明；基于对人类一直依靠简单的手工工具和从事繁重体力劳动的实践方式的革命性变革，通过蒸汽机的发明等创新实践，直接导致了工业革命；等等。直到今天，基于对工业社会实践方式的革命性变革，通过创新实践，我们正经历的以信息技术、生物技术为代表的新技术革命是第六次技术革命，正在把人类从工业社会带向知识经济的时代。

其次，制度创新是通过对既有社会交往实践方式的革命性变革而实现的社会交往创新实践，是解决生产关系和上层建筑与生产力之间矛盾的根本方式。社会交往实践是人类处理生产力与生产关系、经济基础与上层建筑相互关系的实践活动。只有在社会交往实践的基础上，人类才能进行生产实践。正如马克思所指出的："人们在生产中不仅仅影响自然界，而且也互相影响。他们只有以一定的方式共同活动和互相交换其活动，才能进行生产。为了进行生产，人们相互之间便发生一定的联系和关系；只有在这些社会联系和社会关系的范围内，才会有他们对自然界的影响，才会有生产。"② 常规性的社会交往实践，具有维持社会的正常秩序、保证原有生产实践正常进行的功能，是社会发展的必要条件。但是，"社会的物质生产力发展到一定阶段，便同它们一直在其中

---

① 马克思，恩格斯. 马克思恩格斯选集：第1卷. 2版. 北京：人民出版社，1995：88.
② 同①344.

运动的现存生产关系或财产关系（这只是生产关系的法律用语）发生矛盾。于是这些关系便由生产力的发展形式变成生产力的桎梏"①。当生产关系不适应生产力发展的需要、上层建筑不适应经济基础发展的需要时，旧有的生产关系和上层建筑就会束缚生产力的发展。这时，靠常规性的社会交往实践已经不能解决生产力与生产关系、经济基础与上层建筑的矛盾，甚至会阻碍社会的发展，因此，必须开辟新的社会交往实践形式。制度创新作为社会交往实践的高级形式，就是解决生产力与生产关系、经济基础与上层建筑之间矛盾的实践活动，通过制度创新破除不适应生产力发展需要的生产关系和上层建筑，建立能够促进生产力发展的生产关系和上层建筑，就能解放和发展生产力。

最后，知识创新是通过对既有认识的革命性变革而实现的知识创新实践，是解决意识和存在之间矛盾的根本手段，是科学实验的高级形式。科学实验是以观察、实验和建立科学理论为内容的实践活动。自然科学和社会科学的发展都离不开科学实验，科学实验为探索自然界和人类社会的奥妙、为揭示自然规律和社会规律、为人类认识世界和改造世界提供了强大动力。在常规实践中，实践主体虽然也能通过实践获得关于客观世界的科学实验，具有探索性，但如果不能做出知识创新，科学实验就没有达到预期目的，就不能转化为人类认识世界和改造世界的成果。这就需要通过创新实践不断对既有的认识进行革命性变革，追求新发现，探索新规律，创立新学说，创造新方法，积累新知识。例如，在自然科学领域，基于对托勒密的"地心说"的否定和革命性变革，哥白尼通过知识创新实践建立起"日心说"；基于对于妨碍人们了解最重要的化学过程本质的"燃素说"的否定和革命性变革，拉瓦锡通过知识创新实践确立了"氧化说"；等等，从而导致了第一次科学革命，后来又相继发生了第二次科学革命、第三次科学革命和新的科学革命浪潮，推动着整个自然科学的发展。同样，在社会科学领域，通过对原有理论体系或框架的突破，对原有理论和方法的修正和发展，对理论禁区和未知领域的大胆探索，形成了新的理论体系，从而不断实现着创新实践。

我们可以看到，在不断发展着的人的需要的推动下，人的"自由的自觉的活动"的本质不断外化，通过不断地对既有实践方式进行革命性

① 马克思，恩格斯. 马克思恩格斯选集：第2卷. 2版. 北京：人民出版社，1995：32-33.

的变革与超越，创新实践不断地生成和发展。创新实践被人们接受和模仿就成了常规实践。常规实践被否定和变革就产生了创新实践。因此，可以说，任何常规实践都是对一定创新实践的肯定，任何创新实践都是对一定常规实践的否定；新的常规实践又是对新的创新实践的肯定，而更新的创新实践则是对新的常规实践的否定。肯定、否定，再肯定、再否定，往复无穷。创新实践与常规实践之间这种循环往复、持续无穷的辩证运动，推动着生产力和人类社会的不断发展和进步，并通过创新实践及其成果，特别是重大创新成果，实现着生产力和人类社会的跃进式发展和革命性进步。

四、创新实践的基本特点

创新实践是指运用智能揭示事物的新联系、新属性、新规律，以及运用这些新发现创造新产品、新技术、新制度、新方法等，从而更好地改造主观世界和客观世界的活动。它与常规实践相比有自己独有的特点。

（一）首创性

从物质生产的角度看，从事生产的实践似乎都具有创造性，不过这种创造性是泛指对客观世界的改造或对外部环境的改变，而不是我们所讲的创新实践意义上的创造性。创新实践的创造性是一种首创性，就是那些能为一般的常规实践提供模仿依据的创造。创新实践的根本要求在于出"新"，它的本质在于超越。例如，知识创新实践意在发现了事物运动的新规律，就意味着对现有的知识体系增添了新内容；发明了一种新产品的技术创新实践，就意味着人们的日常生活增加了新品种；创建了一个新组织的制度创新实践，就意味着为人类社会的制度体系增添了新的形式。创新实践所获得的这些发现、发明和创建，意味着对原有知识、技术、制度的突破，包含有某种首创性的特点，即使是社会上已有的事物，将其重新结合，也会给社会生活带来全新的影响和首创性的震撼。创新实践就是想别人之所未想、见别人之所未见、行别人之所未行的人类实践，否则就不能视作"新"，就是常规实践。在创新实践获得创新成果的同时，该成果的存在是唯一的，别人如果想取得它就必须通过学习、培训，而经过学习、培训掌握它，能够达到的程度最多只能是复杂劳动，而不可能是创新实践。从这个角度讲，创新实践具有首创性，是不可重复的，一旦重复进行就不是创新实践了，而是创新实践的扩散，就成了模仿性的常规实践。

（二）非程序性

创新实践是一种开放的、灵活多变的实践形式，它的发生伴随有"想象""直觉""灵感"思维活动。这些思维活动是非逻辑性的思维活动，这就决定了创新实践的非程序性。"想象""直觉""灵感"等往往因人而异，因时而异，因问题和对象而异，它们的产生具有突发性和模糊性，甚至连创新实践者本人也难以说清，因此它们的产生根本无法进行完全模拟。例如，阿基米德自从接受后宫下达的"金冠之谜"查实任务后，日夜为之苦思冥想，始终想不出破案的妙计。一天，他去洗澡，突然跳离浴盆，发疯似的往外跑去，边跑边嚷："找到了，找到了！"他找到了破案的钥匙。阿基米德做了那么多的事情，他怎么会在洗澡的时候就产生了灵感呢？如果能回答这个问题的话，这就不是灵感了，完全可以程序化了。再如：19世纪中叶，苯分子中六个碳原子的结构还是一个谜，德国化学家凯库勒为此殚精竭虑，百思不得其解。有一天，他在书房里烤火，一阵倦意袭来，不觉蒙眬睡去。睡梦中他看见长长的碳链像一条长蛇蹁跹起舞，忽然有一条蛇咬住了自己的尾巴，于是他顿悟出：苯分子的碳链成闭合的环状结构，而事实确实如此。这种潜意识的思考、想象是无法模拟的，也就决定了创新实践的非程序化特点。对于管理创新实践来说，也是如此。从一定意义上说，管理就是决策。根据美国管理学家西蒙的决策理论，决策可分为两类：程序性决策和非程序性决策，那么管理也就可以分为两类：程序性管理和非程序性管理。这里的非程序性管理实践，就是创新实践。

（三）不确定性

创新实践具有较大程度的不确定性。无论是知识创新实践、技术创新实践，还是管理创新实践，都是如此。因为创新实践涉足的是一个新的领域，人们由于主客观原因，比如对客观对象的性质和规律还不十分了解，更难把握变革对象出现时的各种偶然性因素，加上变革对象的物质手段和行为规范的缺乏或不完善，以及客观事物的复杂和多变等，人们对实践过程中的许多因素预见不到，实践结果也往往和预想的不同。这种情况在创新实践史上屡见不鲜。

首先，就知识创新实践而言，它取得新认识的结果本身只是一种可能，它关于种种可能向未来现实转化的超前意识，只掌握着未来现实世界的一般规律，不能掌握未来世界现实的特殊或个别。尽管它是一种思维具体，但思维具体本质上还是一般，它远没有未来的实际丰富、多样。知识创新实践不确定性的客观原因在于认识对象的不确定性，其主观原因在于主体的素质结构的不完善性。即使具备知识创新实践的能力，知识创新成果的出现也具有偶然性和不确定性。例如，法拉第为了探索磁和电之间的关系，孜孜不倦地进行了 10 年的实验却仍未找到答案，然后他不得不去休假。然而，当他重返实验室时几乎毫不费力地发现了电和磁之间的关系。其次，技术创新实践也是不确定的。因为创新产品的生产是一种开创性的研究或创造，其生产周期不可能像其他产品那样，人们可以凭借以往的经验对其进行大致的估计和判断。虽然人们在制订一项科研计划时也有一定的时限，但是这种时限往往具有高度的弹性空间，因为哪怕是一种小型的创新活动，比如一种新产品或新工艺的研制开发，也由于其成功率的不确定性而难以规定具体的日时，更别说一项大的创新工程了。最后，管理创新实践同样具有不确定性，这是由管理对象的复杂性和管理任务的突发性所决定的。

（四）高风险性

创新实践同时具有高风险性，这是由创新实践的不确定性所决定的。未来的不确定性会造成两种结果，一种是有利于创新实践主体的结果；另一种是不利于创新实践主体的结果，也就是风险。一般来讲，不确定性程度越大，其风险越大。创新实践需要投入相应的人力、物力、财力，投入的多少取决于创新实践的程度。一般而言，创新实践程度越大，投入越大。创新实践能否成功、这些投入能否顺利得到回报，受到许多不确定因素的影响，可能回报非常丰厚，也可能血本无归，甚至会付出生命代价。总体来讲，创新实践主要面临三个方面的风险：政治风险、经济风险和理论风险。

政治风险是最严重的风险，有可能会因此而付出生命的代价，一般来讲，制度创新实践都要面临一定的政治风险。在中国历史上许多次的制度创新实践的主体都因为变革制度而承担了严重的后果，例如商鞅被五马分尸、王安石遭到贬职、百日维新的"戊戌六君子"付出了生命的代价，等等。

一般来说，技术创新实践和经营管理创新实践面临较大的经济风险。技术创新实践的风险主要来自两个方面：一是创新实践面临着失败的风险，即有可能投入了很多的人力、物力，但是最后没有得到预期的技术成果；二是创新实践实现方面的风险，即市场、社会和经济的不确定性，可能使创新实践的投入难以得到回报。技术创新实践中各种未知因素往往难以预测，其努力的结果普遍呈随机性，再加上未来市场的不确定性，给创新实践带来了极大的风险。例如，一项新药的开发过程可能需要数十年，经费需要数亿美元。在美国，研制的新药中只有不到5％能够进入临床前研究阶段，然后又只有2％能进入临床试验阶段，开展一期临床试验的所有研制药物中有80％会在上市前被淘汰出局。在科学技术飞速发展的今天，由于管理实践总是在特定的环境中进行的，管理实践的内部、外部环境都有某种不确定性，这也增加了管理实践的难度，创新管理实践就更难，风险性自然就提高了。而且，由于管理创新实践不可能像技术创新实践一样借助于一定的实验条件重复进行，这无疑更增加了管理创新实践的风险性。

理论风险是知识创新实践面临的主要风险，知识创新实践的目的是追求新发现、探索新规律、寻找新方法、积累新知识、提出新理论。由于知识创新实践主体所面临的对象是非常复杂的，而且也是无限发展的，而主体的认识能力却是有限的。面对一个未知世界，知识创新实践的失败率是较高的，甚至很可能会得出一个错误的结论，所以它是风险性很强的活动。同时，知识创新实践意味着要突破旧的认识，而旧的认识已经深入人们的头脑，对旧认识提出挑战很可能会遭到人们的强烈反对，知识创新同时也面临着理论风险。例如，著名的德国物理学家路德维希·玻尔兹曼终生坚持和论证原子的存在，并用原子学说来解释世界，然而他在当时却遭到了激烈的攻击，承受着巨大的精神压力和心理折磨，最后竟被由此引起的抑郁症夺去了宝贵的生命。知识创新实践面临理论风险是必然的，否则就不能被称为创新实践。

创新实践的上述特点告诉我们，作为创新实践者不仅要有创新精神、批判精神和革命精神，还要有承担风险的勇气。

五、创新实践的主要类别

为了更清楚地把握一个范畴，我们不仅要对其内涵进行研究，而且也要从外延的角度看看这个范畴还包括什么子范畴，这种认识方法就是分类。因为每一种事物都具有无限多种属性，按照任何一种属性我们都可以进行分类，所以分类的标准也有无限多种，但是我们只能根据自己的研究需要来确定有限的分类角度。当然，我们也可以根据不同的角度对创新实践进行划分。

（一）研究需要及分类标准

我们对研究对象的分类是一个主观尺度和客观尺度相结合的过程。划分的客观依据就是事物本身所包含的个性与共性。一方面，我们之所以能够把这一事物与另一事物区分开来，就是因为每一个具体的事物都有自己的个性。我们之所以能够把这一类事物与另一类事物区分开来，就是因为这一类事物相对于其他类别的事物而言有着自己的个性。另一方面，我们之所以能够把不同的事物归为一类，是因为这些不同的事物之间客观上存在着共性。因此，事物客观上存在着的个性和共性是我们对事物划分和分类的依据，也就是对研究对象进行分类的客观尺度。因为事物的属性具有无限性，每一个属性都可以成为个性，绝大部分属性可以成为共性，因此，我们的划分标准是非常多的。

至于我们采取哪一个标准进行分类，要看我们的实践需要是什么，这是分类的主观尺度。例如，我们可以把人分为男人和女人，这一简单的分类方式就包含着十分丰富的内容：从客观上讲，男人和女人确实存在着生理结构和心理结构上的差异，由系统论的原理可知，结构决定功能，那么，男人和女人在功能上也存在着差异。是不是只能这样分类呢？显然不是。我们还可以按照国籍把人分为中国人、英国人、美国人、日本人等，还可以按照年龄把人分为小孩、青少年、中年人、成年人等，甚至我们还可以根据人的生命状态把人划分为活人和死人。诸如此类，不胜枚举。我们可以寻找出很多的分类标准对人进行不同方式的划分。而我们为什么就仅仅选取了其中的一个标准对研究对象进行划分了呢？这就是由我们的研究需要所决定的。

对于"创新实践"这个研究对象也一样，我们可以从不同的角度选取不同的标准对它进行划分。主观尺度和客观尺度结合的方式可以有很多种，因此，划分方式也可以有很多种。这里，我们只是从常见的几种角度对创新实践进行划分。

（二）基于创新内容的划分

人类创新行为所涉及的对象是多种多样的，包括观念创新、理论创新、科学创新、技术创新、产品创新、工艺创新、体制创新、市场创新、组织创新、管理创新等等。这些不同的创新行为可以通过不同的方式分别纳入以下三种较普遍的创新范畴：知识创新、技术创新与制度创新。因此，与此相联系的创新实践也可以按内容划分为：知识创新实践、技术创新实践和制度创新实践。

1. 知识创新实践

一般认为，知识是人类对事物的认识过程和经验的积累，属于认识和经验范畴，是人类认知成果的总和。广义的知识涵盖了从人类最基本的对世界的认识观念，到所有科学与技术知识的全部范畴。因此，广义的知识创新应包括认知思维范式与认知成果的一切变革。知识创新的目的是追求新发现、探索新规律、创立新学说、创造新方法，积累新知识是不断增进技术创新和制度创新所需要知识的过程，它是技术创新与制度创新的基础。知识创新实践就是为了获得知识创新结果而进行的人类实践活动。根据知识创新实践所获得的创新结果所属的领域，可以把知识创新实践划分为自然科学知识创新实践和社会科学知识创新实践。

自然科学知识创新实践可以为人类的发展提供新的自然科学知识，在一定情况下甚至可能引发科学革命。我们一般意义上讲的科学革命就是自然科学革命。例如，在近代科学史上发生过多次影响深远的科学革命。第一次科学革命发生在 14 世纪之后 19 世纪以前，其中，最引人注目的科学变革有：16 世纪哥白尼推翻托勒密的"地心说"并建立起

"日心说"；18世纪由拉瓦锡完成的化学革命，从根本上推翻了妨碍人们了解最重要的化学过程本质的"燃素说"，通过"氧化说"的确立实现了关于化学元素、化合物以及化学变化的观点的变革。在此前后，还有一些类似的可称得上是科学革命的变革，包括"热质说"的垮台以及拉马克"获得性遗传学说"的破产。但是，贯穿整个时代的伟大变革，是以伽利略和牛顿为代表的经典力学的创立和逐渐完善。第二次科学革命发生在19世纪，以电磁理论、化学原子论和生物进化论等三大理论的初步建立为主要标志。这次科学革命衍生出了电磁学、热力学、近代化学、生物学、地质学、近代物理学等一批基础学科。第三次科学革命发轫于20世纪，以物理学变革为起点，其标志性成果当数量子理论与爱因斯坦相对论的创立。以物理学革命为先导，到了20世纪中叶，现代宇宙学、分子生物学、系统科学、软科学等新的学科相继诞生，自然科学、社会科学和思维科学相互渗透，形成了大科学的结构体系。而所有这一切都是知识创新实践的结晶。

　　知识创新实践同样还可以导致社会科学的革命，例如历史科学、管理学、心理学、哲学、经济学、社会学等学科的革命性变革，都是知识创新实践者创新实践的结果。在社会科学创新中，有一个十分突出的、重要的领域，那就是能够直接引导社会发展、能够成为引导社会发展强大动力的创新，那就是理论创新。例如，马克思的理论创新，开创了无产阶级革命新时代；列宁的理论创新，促成了第一个社会主义国家的诞生；毛泽东的理论创新，使社会主义在中国得以建立；邓小平的理论创新，开辟了有中国特色的社会主义事业新局面；等等。应该说，研究理论创新，首先要确认什么是理论，理论是人们由实践概括出来的关于自然界和人类社会的知识的有系统的结论。按我们今天约定俗成的理解，理论就是马克思列宁主义、毛泽东思想、邓小平理论、"三个代表"重要思想、科学发展观和习近平新时代中国特色社会主义思想，它囊括哲学、政治经济学、科学社会主义、政治学、法律等与社会实践、现实生活联系较为密切的众多社会科学门类。所谓理论创新实践，就是对原有理论体系或框架的新突破，对原有理论和方法的新修正、新发展，对理论禁区和未知领域的大胆探索所进行的实践。我们应该知道，理论来源于实践，根植于实践。因此，理论创新不能脱离实践、离不开社会实践的呼唤和需求，脱离了社会实践所提供的客观依据和历史条件，理论创新就成了无源之水、无本之木，就会苍白无力，解决不了任何实际问题，就失去了创新的意义与作用。

2. 技术创新实践

技术创新与知识创新的不同，根源于技术与知识的不完全等同。狭义的技术主要是指工程学含义上的技术，是具有特定应用目标的手段、方法体系。技术并不等同于知识，任何技术都有目的，都服务于某个特定的应用目标。采用正确的技术手段、方法是技术创新成功的重要保证。美国技术哲学家米切姆对技术的分类具有广泛影响，其类型分别为：作为对象的技术（装置、工具、机器），即实体性技术；作为知识的技术（技能、规划、理论），即观念性技术；作为过程的技术（发明、设计、制造和使用）；作为意志的技术（意愿、动机、需要、设想）。可见，技术的内涵绝不仅限于知识层面。通常意义上的知识总是与认识活动相关联，而技术活动却与实践紧密相关，是介于科学活动、生产活动之间的具有生产、研究双重性的特殊社会活动；知识主要是以观念形态方式存在，而实体性技术却可作为直接的生产工具应用于生产；技术的目的性突出，而知识是相对零散的，不具有明显的应用性目的。因此，不宜将技术简单地归入知识的范畴，抹杀了其不同于知识的应用性特征。

技术创新是人类财富之源，是经济发展的巨大动力。第一次工业革命时期，技术创新表现为机器大工业技术体系对原有手工制造业的代替；电力革命时期，技术创新的主要方向和表现形态是生产的大型化、高速化及大批量生产，以获得规模经济效益；目前我们正经历的现代科技革命时期，技术创新表现为以一大批高新技术为带头技术的综合技术体系的形成，生产方式表现为网络化与柔性化生产特点，技术逐渐代替物质性的投入要素，成为经济增长最活跃、至关重要的要素。一般认为，当一种新思想和非连续性的技术活动，经过一段时间后，发展到实际和成功应用的程序，就成为技术创新。技术创新的主要功能在于根据经济目标或应用要求，开发出新的技术和创造出技术应用的新组合，并将其应用于知识创新或生产实践。

所谓技术创新实践，就是以实现特定经济目的和技术的高效应用为目标，优化组合既有技术，并发展出新的技术，打破旧有技术经济的均衡格局，实现经济发展的突破，而进行的人类实践活动。

3. 制度创新实践

制度是在社会交往实践过程中形成的规范人与社会活动的规则体系，既包括法律、规章、条例等正式的成文的规则，也包括风俗、习惯、伦理、道德等非正式的不成文的规则。社会交往实践是制度产生的根据与基础，制度是人类社会交往实践的产物，是人类社会交往实践活动得以进行的必要条件。正如马克思所说："他们只有以一定的方式共同活动和互相交换其活动，才能进行生产。"① 而实现人与人之间结合起来进行社会交往活动，就需要有一定的规范、一定的机制，这种规范与机制，就是制度，也就是人们之间进行社会交往活动的规则体系。马克思说，"在生产、交换和消费发展的一定阶段上，就会有一定的社会制度"②，"生产以及随生产而来的产品交换是一切社会制度的基础"③。人是社会性的存在，是在一定的社会交往关系中生存和发展的。而要实现社会交往，就必须借助一定的媒介，如语言、交通工具、通信手段等。制度也是进行交往活动不可缺少的重要媒介。制度对人的交往活动的重要作用就在于为交往活动提供规则，特别是在现代社会条件下，交往的范围空前扩大，不相熟悉的人也要频繁交往，这就更需要通过媒介的制度化来保证有效活动的正常进行。每个人要想与他人进行交往，就必须按交往规则行动，否则便无法正常交往，甚至会出现混乱，引起纠纷。因此，制度是人类为了满足交往实践的需要而产生的，其实质是社会主体之间互动的规则体系，其存在的最根本的目的是确保社会交往顺利而有序地进行。由于人类社会交往活动不是一成不变的，经常处在变化之中，因此，在社会交往实践中形成并为交往活动服务的制度，就必将随着人类社会交往活动的变化而发生改变。在社会交往的不同历史阶段，形成了与之相适应的制度形态。制度需要发展，但是它不会自己发展，而是需要人的活动，即制度创新实践来推动。

所谓制度创新实践，是指为了实现新制度的创造和已有制度的优化

---

① 马克思，恩格斯. 马克思恩格斯选集：第 1 卷. 2 版. 北京：人民出版社，1995：344.

② 马克思，恩格斯. 马克思恩格斯全集：第 27 卷. 北京：人民出版社，1972：477.

③ 马克思，恩格斯. 马克思恩格斯选集：第 3 卷. 2 版. 北京：人民出版社，1995：617.

所进行的人类实践活动。制度创新实践主要有三种：一是在根本制度不变的基础上，对生产关系和上层建筑进行的局部性调整；二是进行具体制度的创新和变革，这就是体制改革；三是对社会制度的根本性变革，这就是制度革命，其突出的表现形式是社会革命。

知识创新实践是技术创新实践和制度创新实践的基础；技术创新实践是对知识创新实践成果的运用，并为其他创新实践提供着物质基础；制度创新实践是知识创新实践和技术创新实践的保障，为它们的正常进行提供着社会交往的规则基础。

（三）基于创新程度的划分

基于实践中创新含量的程度，可将创新实践分为两类：一类是根本性创新实践，另一类是渐进性创新实践。

1. 根本性创新实践

根本性创新实践是观念上和实践中都发生根本变化的创新实践。它不是对一种观念、认识、产品和工艺、制度等的部分或点滴创新，而是要求以一种全新的观念、认识、产品和工艺、制度等取代旧有的观念、认识、产品和工艺、制度等。根本性创新实践的结果在科学认识领域常表现为科学革命（包括自然科学和社会科学的革命性变革）；在经济领域中常伴有产品创新、过程创新和组织制度创新的连锁反应；在社会政治中则表现为"改革"，甚至是社会革命。

2. 渐进性创新实践

渐进性创新实践是一种渐进的、连续的小创新实践，这种创新实践在生活中最为常见，它也是其他一系列创新实践的基础环节，没有它，根本性创新实践不可能发生。在经济技术领域它表现为许许多多的小发明和小创造，譬如产品性能和外观设计的改进。政治领域的"改良"和文化领域某一科学或艺术、认识观点的补充和改进等都是渐进性创新。

两类创新实践，具有两种不同的价值与功能。就技术创新实践而言，历史上后发国家追赶并超越先发国家的事例说明，恰恰是依靠别人的技术进行次生型创新，后发国家可以迅速缩小与先发国家的差距，直至追赶上先发国家，而要想超越或跨越先发国家，必须依靠原创型的发明与创新。

　　另外，我们还可以根据组织方式把创新实践划分为独立创新实践、联合创新实践和引进创新实践等，根据时间先后把创新实践划分为领先型和跟随型创新实践，根据资源来源把创新实践划分为率先型和模仿型创新实践，等等。

第三章　创新实践与人的本质论

　　法国哲学家萨特提出了"存在先于本质"的存在主义命题。这是对马克思人的本质生成存在论命题的阐发。萨特认为，人与物不同，事物或器具的特质可以被预先确定，它们的本质先于其存在，人的存在则表现为种种可能性，经领会、筹划、选择获得本身的规定性，所以人是存在先于本质。因此，人的本质不是预先确定的，而是人在存在和实践中不断自我设计、自我造就和自我生成的过程。创新实践作为生成人的本质的存在方式，对于人的自由全面发展具有决定性的意义，一方面创新实践是人的自由全面发展的题中应有之义，是人的真正本质的具体展现；另一方面，创新实践又为人的自由全面发展创造着条件。可以说，人的自由全面发展是一个历史性的概念，创新实践也是一个历史性的范畴，在一定意义上，创新实践的水平、数量、种类就代表着人的自由全面发展的程度，人自由全面发展到什么样的程度，就具有什么样的创新实践能力。人正是在创新实践的过程中解放着自身、发展着自身，人自由全面发展的过程就是人创新实践的过程。正是在创新实践不断发展的过程中，人类社会得到发展，同时又为人的自由全面发展提供社会文明条件，人的发展反过来又会使人具备更强的创新实践能力，提供更新、更高级、更多的创新实践。

一、马克思关于人的本质的三重规定

　　马克思在中学时代就立志要选择"最能为人类福利而劳动的职业"，

为"人类解放"而奋斗是他的崇高理想。1835 年，17 岁的马克思在特利尔中学毕业，毕业论文是《青年在选择职业时的考虑》，他认为，"我们的使命决不是求得一个最足以炫耀的职业"①，"我们并不总是能够选择我们自认为适合的职业；我们在社会上的关系，还在我们有能力对它们起决定性影响以前就已经在某种程度上开始确立了"②，"历史承认那些为共同目标劳动因而自己变得高尚的人是伟大人物；经验赞美那些为大多数人带来幸福的人是最幸福的人；……如果我们选择了最能为人类福利而劳动的职业，那么，重担就不能把我们压倒，因为这是为大家而献身；那时我们所感到的就不是可怜的、有限的、自私的乐趣，我们的幸福将属于千百万人，我们的事业将默默地、但是永恒发挥作用地存在下去，而面对我们的骨灰，高尚的人们将洒下热泪"③。基于对人的命运的终极关怀，马克思提出了人的本质问题。在马克思看来，人的本质不是片面的存在，而是一个由多种本质特性所构成的整体存在。他指出："人以一种全面的方式，也就是说，作为一个完整的人，占有自己的全面的本质。"④ 马克思所理解的"完整的人"是"从事实际活动的人"，"通过自己的**对象性**关系，即通过自己**同对象的关系**而占有对象。对**人的现实性**的占有，它同对象的关系，是**人的现实性的实现**，是人的**能动**和人的**受动**，因为按人的含义来理解的受动，是人的一种自我享受"⑤。人的完整的本质的最根本的特性是感性活动及实践的全面性和开放性。在此基础上，马克思又分别从不同角度论述了人的本质：人的类本质是"自由的自觉的活动"，人的本质是"一切社会关系的总和"，"人的需要即人的本性"等，从不同的侧面揭示了人的本质。

（一）人的类特性：自由自觉的活动

在《1844 年经济学哲学手稿》中，马克思对人的类本质进行了界定，他指出："生产生活就是类生活。这是产生生命的生活。一个种的全部特性、种的类特性就在于生命活动的性质，而人的类特性恰恰就是

---

① 马克思，恩格斯. 马克思恩格斯全集：第 40 卷. 北京：人民出版社，1982：4.
② 同①5.
③ 同①7.
④ 马克思，恩格斯. 马克思恩格斯全集：第 42 卷. 北京：人民出版社，1979：123.
⑤ 同④124.

自由的有意识的活动。"① 这里所说的"人的类特性",就是人之为人而区别于其他动物的本质规定,即人的类本质;这里所说的"自由的自觉的活动",就是劳动。从这个意义上说,劳动就是自由自觉的活动,就是人的类本质。

首先,劳动是人的存在方式,是人从动物界分化出来的标志。人不是上帝创造的,是从动物进化来的,是自然界长期发展的产物,因此,人是自然界的一部分,是自然的存在物,具有自然属性,就这一点而言,人和动物没有根本区别。但是,动物的生命活动是无意识的、本能的活动,人的生命活动是有意识的自由自觉的活动,是"能动的自然存在物"。正如马克思在《1844 年经济学哲学手稿》中所指出的:"动物和自己的生命活动是直接同一的。动物不把自己同自己的生命活动区别开来。它就是**自己的生命活动**。人则使自己的生命活动本身变成自己意志的和自己意识的对象。他具有有意识的生命活动。这不是人与之直接融为一体的那种规定性。有意识的生命活动把人同动物的生命活动直接区别开来。正是由于这一点,人才是类存在物。或者说,正因为人是类存在物,他才是有意识的存在物,就是说,他自己的生活对他来说是对象。仅仅由于这一点,他的活动才是自由的活动。"② "通过实践创造**对象世界,改造**无机界,人证明自己是有意识的类存在物,就是说是这样一种存在物,它把类看作自己的本质,或者说把自身看作类存在物。诚然,动物也生产。它为自己营造巢穴或住所,如蜜蜂、海狸、蚂蚁等。但是,动物只生产它自己或它的幼仔所直接需要的东西;动物的生产是片面的,而人的生产是全面的;动物只是在直接的肉体需要的支配下生产,而人甚至不受肉体需要的影响也进行生产,并且只有不受这种需要的影响才进行真正的生产;动物只生产自身,而人再生产整个自然界;动物的产品直接属于它的肉体,而人则自由地面对自己的产品。动物只是按照它所属的那个种的尺度和需要来建造,而人懂得按照任何一个种的尺度来进行生产,并且懂得处处都把内在的尺度运用于对象;因此,人也按照美的规律来构造。"③ 对此,恩格斯指出:"动物仅仅利用外部自然界,简单地通过自身的存在在自然界中引起变化;而人则通过他所

①② 马克思,恩格斯. 马克思恩格斯选集:第 1 卷. 2 版. 北京:人民出版社,1995:46.

③ 同①46—47.

作出的改变来使自然界为自己的目的服务，来**支配**自然界。这便是人同其他动物的最终的本质的差别，而造成这一差别的又是劳动。"① 这清楚地说明，人在劳动中把自己从动物界中提升出来，创造出人之为人的一切特征，劳动是人区别于动物的本质。正如马克思所说："正是在改造对象世界中，人才真正地证明自己是**类存在物**。这种生产是人的能动的类生活。通过这种生产，自然界才表现为**他的**作品和他的现实。"② 也就是说，自然界既是人的物质生活的来源，又是人的劳动的对象和结果。人的劳动给自然界以"属人的本质"，同时又使自己成为一种"能动的自然存在物"。

其次，劳动是人类及其历史产生的起点，是唯物史观的逻辑起点。马克思把物质生产实践作为人类及其历史产生、存在和发展的基础。马克思指出，"**整个所谓世界历史**不外是人通过人的劳动而诞生的过程，是自然界对人说来的生成过程"③。也就是说，人的本质只有在人的生产实践活动、在人的对象化活动中，才能被理解和确证。正是基于劳动是人类及其历史产生的起点的理解，马克思在劳动发展史中找到了理解社会历史的锁钥，把劳动作为逻辑起点，创立了唯物史观。马克思指出，"我们首先应当确定一切人类生存的第一个前提，也就是一切历史的第一个前提，这个前提是：人们为了能够'创造历史'，必须能够生活。但是为了生活，首先就需要吃喝住穿以及其他一些东西。因此第一个历史活动就是生产满足这些需要的资料，即生产物质生活本身"④。人类社会除了生产活动外，还有政治、科学、文化、艺术和体育等社会活动，后一类活动占用的人力、物力与财力越多，人类社会的文明程度就越高。而这些社会活动的扩展，只能建立在物质资料生产发展的基础之上。只有物质生产发展了，人类社会的文明程度才能不断提高。物质资料生产活动是人类最基本的实践活动，社会劳动决定着社会的产生、变化和发展，决定着其他一切活动。

（二）人的现实本质：一切社会关系的总和

马克思对于人的类本质的规定，只是把劳动作为人区别于动物的一

① 马克思，恩格斯. 马克思恩格斯选集：第4卷. 2版. 北京：人民出版社，1995：383.
② 马克思，恩格斯. 马克思恩格斯选集：第1卷. 2版. 北京：人民出版社，1995：47.
③ 马克思，恩格斯. 马克思恩格斯全集：第42卷. 北京：人民出版社，1979：131.
④ 同②78-79.

般本质，只涉及人与动物的区别，尚未涉及不同时代的人和同一时代处于不同社会地位的人的区别，也就是没有涉及具体的人的现实本质。而马克思在《关于费尔巴哈的提纲》中则指出："人的本质不是单个人所固有的抽象物，在其现实性上，它是一切社会关系的总和。"① 这就指明了不同的人所具有的不同的本质，即人的具体的现实本质。

首先，人类的劳动是一个关系范畴，人是社会关系的存在物。按照马克思的观点："劳动首先是人和自然之间的过程，是人以自身的活动来引起、调整和控制人和自然之间的物质变换的过程。"② 而人和自然之间的物质变换过程又离不开人和人之间的交往，以及人和人之间活动的互换。马克思指出：人们"只有以一定的方式共同活动和互相交换其活动，才能进行生产。为了进行生产，人们相互之间便发生一定的联系和关系；只有在这些社会联系和社会关系的范围内，才会有他们对自然界的影响，才会有生产"③。这种社会属性，对于社会生活中每一个具体的生命存在物来说，有着更为重要的决定意义。人们从事生产劳动或其他社会活动，不能单个人孤立地进行，必须互相依赖、互相合作，结成一定的社会关系才能进行。离开了人类社会，单个的人既无法劳动，也无法创造，只能沦为动物式的生存方式。正是由于社会关系在人类生活中具有如此重要的作用，马克思在《詹姆斯·穆勒〈政治经济学原理〉一书摘要》中才这样说道，**"人的本质是人的真正的社会联系"**，"社会本质不是一种同单个人相对立的抽象的一般的力量，而是每一个单个人的本质，是他自己的活动，他自己的生活，他自己的享受，他自己的财富"④，"人在积极实现自己**本质**的过程中**创造**、生产人的**社会联系、社会本质**"⑤。任何个人都必须生活在一定的具体社会关系之中，这种具体的社会关系，就是马克思所说的"现实性"。个人必须依据这种"现实性"而存在，个人的本质同样必须依据这种"现实性"而存在。正是在这个意义上，马克思把人的本质概括为一种社会本质，确定为"一切社会关系的总和"。

其次，人的具体本质的形成与表现，也主要体现在不同的关系中。

---

① 马克思，恩格斯. 马克思恩格斯选集：第 1 卷. 2 版. 北京：人民出版社，1995：56.
② 马克思，恩格斯. 马克思恩格斯全集：第 23 卷. 北京：人民出版社，1972：201-202.
③ 同①344.
④⑤ 马克思，恩格斯. 马克思恩格斯全集：第 42 卷. 北京：人民出版社，1979：24.

关系并不是僵死的，而是一个动态的过程，在这一过程中，人的个性得到实现。马克思批判黑格尔的抽象人性论时指出，"'特殊的人格'的本质不是人的胡子、血液、抽象的肉体的本性，而是人的**社会特质**"①。在马克思那里，人的本质是社会关系的总和，而人的社会关系总是随着人类历史的进步，随着生产力、生产关系的发展而不断发展变化的，这样就从历史领域克服了对人的抽象理解。人的本质不等于个体的人的存在，也不等于人的类本质，而是包含了个体与个体之间相互关系、个体与社会之间相互关系的存在，既不存在永恒不变的抽象的共同性，也不存在能够离开相互关系理解的个性。因此，也就必须在社会关系中才能达到对于人的本质、个性的正确的、全面的、本质的理解。

（三）人的自然本质：需要

马克思恩格斯指出，"任何人如果不同时为了自己的某种需要和为了这种需要的器官而做事，他就什么也不能做"②，"由于他们的**需要**即他们的本性，以及他们求得满足的方式，把他们联系起来（两性关系、交换、分工），所以他们**必然要**发生相互关系"③。这一论断深刻揭示了人的需要是人的"内在必然性"，是人的自然本质。

首先，人的需要是人和动物相区分的一个根本标志。一切生物都有需要，这是由其生命活动的新陈代谢规律所决定的。但人作为自然界最发达的生物物种，其需要发生了根本性的飞跃，从而与其他生物区别开来。动物的需要表现为一种本能的、无意识的追求，而人的需要则把本能的追求提升为自觉的、有意识的追求，并由此产生在自觉意识支配下的满足需要的实践活动。在《1844 年经济学哲学手稿》中，马克思讲："诚然，动物也生产。它为自己营造巢穴或住所，如蜜蜂、海狸、蚂蚁等。但是，动物只生产它自己或它的幼仔所直接需要的东西；动物的生产是片面的，而人的生产是全面的；动物只是在直接的肉体需要的支配下生产，而人甚至不受肉体需要的影响也进行生产，并且只有不受这种需要的影响才进行真正的生产；……因此，人也按

---

① 马克思，恩格斯. 马克思恩格斯全集：第 1 卷. 北京：人民出版社，1956：270.
② 马克思，恩格斯. 马克思恩格斯全集：第 3 卷. 北京：人民出版社，1960：286.
③ 同②514.

照美的规律来构造。"① 动物的需要对象是狭窄的，仅仅以其肉体机能为界限，其活动无论如何也不会超越自身的直接需要，其需要对象也永远指向自然物；而人的活动却可以超越自身的直接需要，突破直接目的规定的有限范围，从而使人的需要具有广阔的内容和属性。"人以其需要的无限性和广泛性区别于其他一切动物"②。

其次，人的需要是人的历史活动的前提。马克思指出："因为**人的本质**是人的**真正的社会联系**，所以人在积极实现自己**本质**的过程中**创造**、生产人的**社会联系**、社会本质，而社会本质不是一种同单个人相对立的抽象的一般的力量，而是每一个单个人的本质，是他自己的活动，他自己的生活，他自己的享受，他自己的财富。因此，上面提到的**真正的社会联系**并不是由反思产生的，它是由于有了个人的**需要和利己主义**才出现的，也就是个人在积极实现其存在时的直接产物。"③

最后，人的需要是人的本质力量的确证。人的生命活动总是从需要开始。需要的存在和满足，表明人的生命活动的存在和持续；需要的深化和扩展，表明人的生命活动水平的提高和范围的扩大；需要的萎缩和停止，表明人的生命活动的衰退和终止。人的本质力量是强烈追求自己的需要对象的力量，人的本质力量的确证就是对人的需要的满足。

上面我们分别论述了马克思关于人的本质的三个界定。从我们的论述可以看出，这三个界定不是彼此孤立、互不相干的，而是有其内在联系的。只有从这三个界定及其内在联系上考察人的本质，才能全面深刻地理解马克思关于人的本质的理论，才能把握人的本质的丰富内涵。

二、创新实践是人的本质的充分体现和深刻确证

关于人的本质，马克思分别从不同的角度进行了揭示，"他们的需

---

① 马克思，恩格斯. 马克思恩格斯选集：第 1 卷. 2 版. 北京：人民出版社，1995：46-47.

② 马克思，恩格斯. 马克思恩格斯全集：第 49 卷. 北京：人民出版社，1982：130.

③ 马克思，恩格斯. 马克思恩格斯全集：第 42 卷. 北京：人民出版社，1979：24.

要即他们的本性"①，"人的类特性恰恰就是自由的自觉的活动"②，"人的本质不是单个人所固有的抽象物，在其现实性上，它是一切社会关系的总和"③。人的本性、类特性、人的社会性，这三个层面是一个有机的整体，共同构成了人的本质。创新实践恰恰是人的本质的具体体现，也是人自由全面发展的本质体现和具体途径。

（一）创新实践更加充分地体现了人的"自由的自觉的活动"的类本质

人之所以为人，还在于人是作为创新实践的主体而存在的，人的主体性、创造性、能动性规定着人的类本质。在马克思看来，人的类本质在于能够进行改造世界的自由自觉的活动，这自由自觉的实践活动既把人与动物区别开来，又充分展示了人的类本质。马克思指出，人的自由自觉的活动"创造**对象世界，改造**无机界，人证明自己是有意识的类存在物，就是说是这样一种存在物，它把类看作自己的本质，或者说把自身看作类存在物"④。"正是在改造对象世界中，人才真正地证明自己是**类存在物**"⑤，因此，"自由的有意识的活动恰恰就是人的类特性"⑥。人的创新实践就是这么一种开创性和探索性的活动，它既同动物的本能活动本质地区别开来，又和为了维持人类生存所进行的常规实践区分开来，因此，人的创新实践是一种更积极意义上的自由自觉的活动。

首先，创新实践是一种创造性的活动，更能体现人的"自由的自觉的活动"类特性的创造性本质。人有别于动物，动物只依赖本能生活，从而与现实的自然界融为一体。人则不然，他依靠自己的理性智慧，通过有意识有目的的活动去改变自然物的存在形态，获取最佳的生存环境。马克思早就说过："正是在改造对象世界中，人才真正地证明自己是**类存在物**。"⑦动物的一切活动为固有本能所局限，它虽然也会趋利避

---

① 马克思，恩格斯. 马克思恩格斯全集：第 3 卷. 北京：人民出版社，1960：514.

② 马克思，恩格斯. 马克思恩格斯全集：第 42 卷. 北京：人民出版社，1979：96.

③⑥ 马克思，恩格斯. 马克思恩格斯选集：第 1 卷. 2 版. 北京：人民出版社，1995：56.

④⑦ 马克思. 1844 年经济学哲学手稿. 北京：人民出版社，2000：57.

⑤ 同②97.

害，存活求生，但动物的生存却无所谓"目的"，动物的生存也需要客观条件，却不会主动地改变既存的条件。而人却能通过设定特殊的目的来指导自己的行动，人不满足于一个既定的现实世界，而是要不断地设定目标、不断创造最适合自身存在的人化世界。人的主动创造性是在一系列的认识、实践过程中体现出来的。在这个过程中，人首先认识自在世界的存在规律，在此基础上，对从对象世界中获取的信息进行自觉的、能动的选择、建构，这实际上就是人于实际改造客观事物之前，在思维中对客观事物进行改造，在观念中预先规定活动结果，形成关于理想存在的观念模型，这里已经渗透了人的活动目的，是把自己的内在尺度运用于客观事物，从而对客观事物自在形式进行一种批判性、否定性的反映的过程，这个过程实际上就是知识创新实践。目的形成后，还只是具有了观念形态的东西，目的本身包含的主观与客观的矛盾不可能在主观范围内得到解决。为了使人的理想意图在外部世界中得到实现，就需要借助于各种手段把实践方案付诸实施，而这些手段并不是自然就有的，人必须通过创新实践的方式才能获得，即通过技术创新实践获得新的技术手段，以解决人和自然之间的矛盾，通过制度创新实践获得新的合作方式，以解决人和人之间的矛盾。可见，创新实践的过程就是人的内在尺度与物的外在尺度相结合的过程，这种结合的结果则是一个属人的世界，一个由客观规律性和主体目的性共同支配的为我的人化世界，人就是这样在实现自己的生存目的的过程中，展示着自己的自由创造本质。

其次，创新实践是一种主体性很强的活动，更能体现人的"自由的自觉的活动"类特性的主体性本质。最能体现人的本质的人类实践活动应该是自由自觉的活动，在活动中只有切实感受到自己是活动的主人，才能产生对活动的热情，关心活动的结果，迸发想象力和创造力，才能充分体现主体意识。主体性是人在认识和改造世界时体现出来的本质属性，是基于人的自然属性、社会属性、精神属性之上最集中、最深刻的本质特性，是人性的精华。创新实践是最能体现人的主体性的"自由的自觉的活动"，它要最大限度地激活主体的各种能量和潜能，在创新活动中最能表现出人的真正本质，因为创新活动是一种主体的全身心的、忘我的活动，也是一种充分发挥主体的各种能力和各种潜能的活动。人的自由全面发展，其中一个十分重要的方面就是人的创新实践能力和创新本质的全面发展，即人的类本质的发展。作为创新实践主体的人的类本质是一种创新本质，是人类本质最高级的部分。

（二）创新实践从更加深刻的意义上揭示了人的社会本质

马克思指出："人的本质不是单个人所固有的抽象物，在其现实性上，它是一切社会关系的总和。"① 人类的实践具有群体性的特征，社会性则是这种群体性特征的集中表现。人是社会的人，必然具有社会属性，这种社会属性，对于社会生活中每一个具体的生命存在物来说，有着更为重要的决定意义。离开了人类社会，单个的人既无法生产，也无法创造，只能沦为动物式的生存状态。任何个人都必须生活在一定的具体社会关系之中，这种具体的社会关系，就是马克思所说的"现实性"。个人必须依据这种"现实性"而存在，个人的本质同样必须依据这种"现实性"而存在。正是在这个意义上，马克思把人的本质概括为一种社会本质，确定为"一切社会关系的总和"。人的这种社会本质是在实践中形成、在实践的发展中不断发展的，而实践的发展离不开创新实践。

首先，在创新实践的推动下，实践不断发展，促使社会成员更紧密地互相结合起来，形成具体的社会关系和联系。实践是人们进行社会联系和合作的根本原因，是联结整个社会关系的根本纽带。只有在这样一种相互结合和联系中，人类才形成了现实的社会生产关系，形成具体的社会形态，并在这种生产方式和社会形态内，创造并撰写着自己的历史。实践孕育了人类社会历史关系的萌芽，也孕育着人类社会的实践创造本质，因而人的社会本质，同样是一种实践创造的本质，而体现人类的创造性的活动就是创新实践。

其次，人的社会本质必须以一定的社会环境为其存在的条件，因而，在不同的社会关系中，它表现为不同的历史命运和具体规定，而人的本质的丰富和发展离不开创新实践。在阶级社会中，阶级剥削和压迫是社会关系的主要内容。生产者成为遭受剥削压迫的对象，人的创造本质被阶级剥削压迫的本质所否定，甚至被贬低为一种纯粹的生物性活动，这就是人的本质的"异化"。社会的进步就是要实现对于剥削性社会形态的根本否定，集中表现为对于生产者的解放。而对于生产者的解

① 马克思，恩格斯. 马克思恩格斯选集：第 1 卷. 2 版. 北京：人民出版社，1995：56.

放，首先是对生产者创造本质的解放。决定整个社会生活的，是生产者的创造活动及其结果，是生产者本质的发挥程度和水平。生产创造具有崇高的社会地位，成为生产者生存发展的根本手段，成为个人光荣与尊严的标志，从而实现人的本质的否定之否定。只有在这样的社会生活中，人才真正成为人，人类社会才真正成为人类社会。这就是恩格斯所指出的："只有一个有计划地从事生产和分配的自觉的社会生产组织，才能在社会方面把人从其余的动物中提升出来，正像生产一般曾经在物种方面把人从其余的动物中提升出来一样。"① 由此可见，人的创造本质，首先是由人的自然属性所决定的，同时又受到具体社会关系的影响和制约，由此表现出人的不同的社会本质。社会关系表现为什么样的内容和要求，在这个社会关系中的人的本质也就具有什么样的内容和规定。

人与社会是相互作用、相互影响和相互促进的，因而任何一方的发展都离不开对方的发展，但是，任何一方的发展都是以创新实践为前提的。没有整个社会的发展，人的发展就失去了物质基础；没有人的发展，也就无法构成整个社会的发展。正是由于二者的发展互为前提、互为基础，才使得人类在改造客观世界、推动社会发展的同时，也为自己的发展提供了条件。人作为社会文明的创造者和接受者，其全面发展是社会发展的必然趋势。因为社会发展最终都是为人的发展提供条件和手段的，都是为了满足人的需求，提高人的素质，"使自己的生命活动本身变成自己意志的和自己意识的对象"②，而要做到这一点，人类必须不断地进行创新实践。

（三）创新实践从更深的层次上体现了人的"需要本性"

之所以说"需要是本性"，是因为每个现实的个人的生命需要，是人内在的必然规定性，即本质的规定性。一方面，人的需要决定着人们必须进行生产劳动，而人区别于动物是从"生产劳动"开始的。正如马克思和恩格斯在《德意志意识形态》中所指出的，"我们首先应当确定一切人类生存的第一个前提，也就是一切历史的第一个前提，这个前提是：人们为了能够'创造历史'，必须能够生活。但是为了生活，首先

---

① 马克思，恩格斯. 马克思恩格斯选集：第4卷. 2版. 北京：人民出版社，1995：275.
② 马克思. 1844年经济学哲学手稿. 北京：人民出版社，2000：57.

就需要吃喝住穿以及其他一些东西。因此第一个历史活动就是生产满足这些需要的资料，即生产物质生活本身"①。另一方面，人们是根据自己的需要即本质建立自己的社会关系的。"由于他们的**需要**即他们的本性，以及他们求得满足的方式，把他们联系起来（两性关系、交换、分工），所以他们**必然要**发生相互关系。"② 可以说，"需要"能够说明人的各种活动及其全部社会关系。从"需要即人的本性"这一层面上看，创新实践是人的本质的具体体现。因为：

首先，人的需要是在创新实践中形成和发展起来的。一方面，创新实践把动物性的需要改造成人的需要。马克思主义并不否认人的自然生理需要的作用，指出自然需要构成了人们劳动或生产的最初动因。但是，使人同动物区别开来的"第一个历史活动"，并不是这些自然需要或直接满足这些自然需要的生理活动，而是这些自然需要所推动的生产活动，主要是创新实践，把这些动物性的需要改造成人的需要。另一方面，创新实践的结果，使人在自然需要基础上产生了动物所没有的新的历史需要，例如社会交往的需要、认识的需要、精神生活和文化生活的需要、表现和发展自己独特个性的需要，等等，并推动了人的需要的创新发展，使人的需要发展成为一个高度复杂的、开放性的体系，这就决定了人的创新内容的无限丰富性。正如马克思所说的，"已经得到满足的第一个需要本身、满足需要的活动和已经获得的为满足需要而用的工具又引起新的需要"③。

其次，人的需要本性规定了创新实践的动因，创新实践正是满足人的新需要的根本途径。马克思认为人的"需要即他们的本性"，为了满足人的需要这一本性，人们必须进行创造，这是人与动物生存方式的最根本的区别。在《德意志意识形态》中马克思恩格斯指出，为了满足人的衣、食、住、行等需要而进行的生产活动是历史的第一前提，得到满足的需要及其方式又会引起新的需要。对于一般性的需要，人们通过常规实践的方式是可以得到满足的。但是，常规实践的创造能力具有一定的局限性，从需要的质的层面上来说，它无法满足人不断产生的新需

---

① 马克思，恩格斯. 马克思恩格斯选集：第 1 卷. 2 版. 北京：人民出版社，1995：78-79.

② 马克思，恩格斯. 马克思恩格斯全集：第 3 卷. 北京：人民出版社，1960：514.

③ 同①79.

要，而且从需要的量的层面来说，它也无法满足超过其创造能力的更多的需要。因而，对于无限丰富的和无限发展着的人类需要来说，创新实践才是最根本的满足途径。人的这种异常丰富的、不断发展着的需要，就决定了人不能像动物那样直接从自然界中得到满足，而只能以创新实践的方式来满足新的需要。甚至在一定意义上可以说，全部历史可以理解为人的需要不断发展的历史，以及为了满足人不断发展着的需要而不断创新实践的历史。因此，从这个意义上讲，创新实践是人的自由全面发展的本质体现。

三、创新实践是人自由全面发展的根本途径

人的解放就是在实践的基础上，逐步摆脱自然、社会、人自身的束缚，从必然王国进入自由王国，从而使每个人获得自由全面发展的历史过程。人的自由全面发展和人的解放是分不开的，人在哪个领域获得了自由也就是在该领域获得了解放，离开了人的解放，人的自由就无法实现，也根本谈不上人的自由全面发展。人的解放以人类社会文明为前提，可以说，人类社会文明达到什么样的水平，人类也就在什么样的程度上获得解放，而人类社会文明本身就是创新实践的积极成果。因此，如果说实践是人生存的根本途径，那么创新实践则是人自由全面发展的根本途径。具体来说，创新实践不断创造着人的自由全面发展不可或缺的必要条件：物质文明、精神文明和制度文明。

（一）创新实践为人的自由全面发展创造着物质基础

创新实践作为"自由的自觉的活动"，能够促进生产力的发展，提高劳动效率，为人的自由全面发展创造必要的物质基础。它的这一作用主要表现在以下两个方面：

一方面，在创新实践的有力推动下，人从对自然的盲目必然性中逐渐解放出来，生产力不断发展，物质产品越来越丰富，人们可以充分享受物质文明成果。纵观人类历史，我们可以看到：正是在创新实践的基础上，人类的社会实践能力不断增强，社会生产力水平不断提高，物质文明成果不断丰富。早期人类社会是靠群体力量进行狩猎活动来维持生

存的。我们的祖先为了不受野兽的伤害，发明了弓箭，从而提高了劳动生产率；弓箭的使用又促使人们发明了"钻木取火"，从而能烧制陶器；掌握了高温加工技术后，又制造出了金属农具，这使社会生产力有了第一次飞跃，人类从游牧时代进入农业文明时代。社会的发展使人类改造客观世界的能力不断增强。随着中国四大发明传入欧洲，它们"变成对精神发展创造必要前提的最强大的杠杆"。随着文艺复兴运动的兴起，人们的思想从宗教的禁锢中解放出来，环球旅行、新大陆的发现、欧亚大陆的沟通，推动了商业和经济的发展。到 18 世纪中叶，自动纺织机和蒸汽机的使用揭开了人类进入工业文明时代的序幕。牛顿力学和以微积分为代表的数学方法为力能的利用和机器制造提供了知识基础；原子论、电磁场理论为近代化学工业和电视、电器的发明奠定了科学基础；苯环结构的发现，电炉、转炉炼钢、电机、电灯、电话、火车、汽车、轮船也在 19 世纪问世，人类从此进入化工和电气化时代。20 世纪初诞生的量子理论和相对论，为合成化工、航天技术、电子技术的发展提供了科学依据；生命科学中 DNA 双螺旋结构的建立、电子显微镜的发明、核磁共振 CT 的问世，使人类对物质世界和生命现象的认识提高到了前所未有的程度。在创新实践的基础上，人类的实践能力的不断提高，也使得社会生产力的发展水平以及物质文明达到了前所未有的高度，从而不断为人的自由全面发展创造着物质基础。

另一方面，在创新实践的有力推动下，生产力不断发展，从而缩短了人为生存所进行的必要劳动时间，从而为人的发展创造着越来越多的自由时间。人的生命活动，从时间上可以区分为劳动时间和自由时间。时间不仅是人生命的尺度，而且是人发展的空间，是人在科学、艺术、社会交往方面施展自己创造力的广阔天地。人的发展需要自由时间，"这种时间不被直接生产劳动所吸收，而是用于娱乐和休息，从而为自由活动和发展开辟广阔天地"[①]。"整个人类的发展，就其超出对人的自然存在直接需要的发展来说，无非是对这种自由时间的运用，并且整个人类发展的前提就是把这种自由时间的运用作为必要的基础。"[②] 因此，人要自由发展，就必须拥有自由时间，拥有自由时间，不仅意味着人成

---

① 马克思，恩格斯. 马克思恩格斯全集：第 26 卷：Ⅲ. 北京：人民出版社，1974：281.

② 马克思，恩格斯. 马克思恩格斯全集：第 47 卷. 北京：人民出版社，1979：216.

为自由的人，而且为人的自由发展创造最基础的条件，开辟广阔前景，提供人的感觉的真正生成空间，并使人能够体验和享受这种全面而丰富的感觉。随着生产力的提高、工作日的缩短，自由时间不断延长，人自由发展的空间不断扩展。马克思在谈到实现人的全面发展的共产主义时指出，"这个自由王国只有建立在必然王国的基础上，才能繁荣起来。工作日的缩短是根本条件"①，由于"直接把社会必要劳动缩减到最低限度，那时，与此相适应，由于给所有的人腾出了时间和创造了手段，个人会在艺术、科学等等方面得到发展"②。

改造自然的实践是人类生存和发展的前提条件，它使人类从自然规律的束缚中解放出来，并获得自身生存和发展的物质条件。马克思强调生产力的发展对人的解放的根本性决定作用。在《德意志意识形态》中马克思指出，"只有在现实的世界中并使用现实的手段才能实现真正的解放；没有蒸汽机和珍妮走锭精纺机就不能消灭奴隶制；没有改良的农业就不能消灭农奴制；当人们还不能使自己的吃喝住穿在质和量方面得到充分保证的时候，人们就根本不能获得解放。'解放'是一种历史活动，不是思想活动，'解放'是由历史的关系，是由工业状况、商业状况、农业状况、交往状况促成的"③，"生产力的这种发展（随着这种发展，人们的**世界历史性的**而不是地域性的存在同时已经是经验的存在了）之所以是绝对必需的实际前提，还因为如果没有这种发展，那就只会有**贫穷**、极端贫困的普遍化；而在**极端贫困**的情况下，必须重新开始争取必需品的斗争，全部陈腐污浊的东西又要死灰复燃"④。

因此，发展生产力是人的发展的根本要求，没有生产力的高度发展，人的全面发展就是空想。而物质文明的取得、生产力水平的提高都和人类的创新实践分不开，离开人类的创新实践，物质文明就无法向前发展，生产力也无法获得突破，人在对自然的盲目必然性面前就无法获得自由，也就失去了自由全面发展的第一个前提。从这个意义上讲，创新实践是人自由全面发展的第一前提，它为人的发展奠定了物质文明基础。

①　马克思，恩格斯. 马克思恩格斯全集：第 25 卷. 北京：人民出版社，1974：927.

②　马克思，恩格斯. 马克思恩格斯全集：第 46 卷. 下. 北京：人民出版社，1980：219.

③　马克思，恩格斯. 马克思恩格斯选集：第 1 卷. 2 版. 北京：人民出版社，1995：74-75.

④　马克思，恩格斯. 马克思恩格斯选集：第 1 卷. 2 版. 北京：人民出版社，1995：86.

（二）创新实践为人的自由全面发展创造着精神条件

人的自由全面发展需要精神基础，那就是精神文明成果的极大丰富。丰富的精神文明成果可以使人充分享受丰富多彩的精神文化生活，用丰富的精神文明成果武装自己、发展自己，从而求得人类的自由全面发展。人不仅是物质性的生命存在体，也是精神性的生命存在体。精神性的生命存在体又决定了人全面发展必须建立在丰富的精神需求满足的基础上。这也主要表现在两个方面：一方面，人为"万物之灵"，有记忆、联想、想象、分析、综合的思维能力，这种形象思维能力和抽象思维能力使人能够独自进行思维活动，人因此而有智力、智能、智商和智慧。人借助于智力、智能、智商和智慧，能够使用工具和符号，形成经验、技艺、技能，创造知识、传播知识、利用知识和消费知识，这是人所具有的重要特性之一。人因为具有智能特性而在很大程度上与自然动物相区别，具有比自然动物的本能意识更高级的能动意识，进而产生动物世界所没有的人的精神世界，形成人的精神生活需求。另一方面，人的精神生活同人的物质生活一样，也不是单一的，而是多样的；不是一成不变的，而是变化发展的。人类进步与发展的文明史充分证明，随着人的思维水平的不断提高，精神世界也会不断拓展；随着人的物质生活的不断充实，精神生活也会不断丰富；而随着物质生活的不断充实和精神生活的不断丰富，人会不断产生新的利益、幸福、理想等等价值追求，朝着更加完善、更加美好的生活目标前进，以努力满足人的全面发展的需要。所以，无论是从人的精神生活的产生过程，还是从人的精神生活的发展进程来看，人的精神世界具有复杂性和动态性，这表明人的精神生活是不断丰富和发展的。充分展示人的精神世界的丰富性、不断满足人的精神生活的发展需求，既是实现人的全面发展的内在要求，也是体现人的全面发展的重要标志。而精神文明的取得也和人类的创新实践分不开。离开人类的精神创新实践，就无法获得科学知识、文学艺术，教育也无法实现，人的全面发展就成了空话。从这个意义上讲，创新实践也是人自由全面发展的第一前提，它为人的自由全面发展奠定了精神文明基础。

（三）创新实践为人的自由全面发展创造着制度环境

改造社会关系的实践是人类解放的重要条件，它使人类从盲目的社会规律的束缚中解放出来，成为"社会的主人"。马克思高度重视社会关系的发展对人的解放和发展的重要作用。人只有走出血缘氏族的囹圄，打破狭隘地域、民族的壁垒，在社会交往充分发展的基础上，在国家、民族历史转变为世界历史的基础上，才能获得广袤的发展空间，获得丰富的发展条件。交往的充分发展是历史转变为世界历史的条件，马克思高度重视社会交往对人的解放的作用。他说，只有在普遍交往中，"各个单独的个人才能摆脱各种不同的民族局限和地域局限，而同整个世界的生产（也包括精神的生产）发生实际联系，并且可能有力量来利用全球的这种全面生产（人们所创造的一切）"①。

　　人的自由全面发展需要制度环境，即高度文明的政治环境，也可以称为制度文明或政治文明的支持。人总是具体的、生活于一定的社会关系中的人，离不开制度的制约。人的自由全面发展不仅需要从对自然的盲目必然性中解放出来，还需要从社会的盲目必然性中解放出来、从对人的依赖性中解放出来，生活于一个民主、自由的社会环境中，才能自由全面地发展。而制度文明或政治文明也是人类创新实践的成果，是主动进行制度创新实践所取得的成果的积累。从这个意义上讲，创新实践仍然是人的自由全面发展的第一前提，它为人的自由全面发展奠定了制度文明基础。人总是在一定的社会关系中生存和发展的，"社会关系实际上决定着一个人能够发展到什么程度"②。人的素质、实践能力固然是人发展的最重要的内容，但人的素质的提高、实践能力的发展都离不开人的社会关系。从根本上说，"人的本质不是单个人所固有的抽象物，在其现实性上，它是一切社会关系的总和"③。人的存在和发展总要受制于一定的社会关系，并在社会的变革和发展中得以实现。人的实践不仅创造和生产物质产品，同时也产生和创造精神生活。社会的物质生产和以物质生产为基础的交往与交换关系以及为经济基础服务的政治、法律等上层建筑，也都是通过人的实践活动来变革经济与政治而建立的。正是由于人是主动的，具有创造性，因而随着人的素质与实践能力的不断提高，社会关系也总是处在不断的发展与变革之中。这种社会关系的性质，更多地体现在生产关系中，例如，制度化的关系是保证社会生产

① 马克思，恩格斯. 马克思恩格斯全集：第3卷. 北京：人民出版社，1960：42.
② 同①295.
③ 马克思，恩格斯. 马克思恩格斯选集：第1卷. 2版. 北京：人民出版社，1995：56.

和社会生活有效运行的人工秩序，是社会关系的价值体现。制度本身规定了不同主体在社会中承担的义务和权利有所不同，它对社会主体具有激励和约束作用。制度创新将带来新的社会关系和体现更高的价值，因为新的关系更适应环境的变化，更符合社会发展的趋势。因此，人的不断创新需要新的能力、新的素质，这样既促进了人的全面发展，又推动了社会关系的不断发展。人与社会存在互动关系，这样才能表明人总是历史的人，也才能把社会的不同时代和同一时代的不同发展阶段区别开来。人既是历史的"剧中人"，又是历史的"剧作者"。从这个意义上讲，人的存在和发展就是社会关系的存在和发展，人的全面发展也推动着社会关系的发展。

马克思主义认为，"物质生活的生产方式制约着整个社会生活、政治生活和精神生活的过程"①，也就是说，社会的发展从根本上讲是由物质资料的生产方式所决定的，而生产方式则是由生产力和生产关系两个方面所构成的。从社会生产力的角度看，社会的发展首先是生产力的发展。马克思说过："随着新生产力的获得，人们改变自己的生产方式，随着生产方式即谋生的方式的改变，人们也就会改变自己的一切社会关系。手推磨产生的是封建主的社会，蒸汽磨产生的是工业资本家的社会。"② 生产力是社会发展的根本动力和标志，是全部社会历史的基础，但生产力的发展从根本上说是人的能力的发展，因为生产力中首要的因素是人，人是最根本的生产力。随着社会的发展，生产力的发展更多地依赖于人的潜能、知识、个性和创新精神的日益发挥。发展生产力既是人的体力、智力发展的保证，同时又是人的体力、智力发展本身，这是一个问题的两个方面。

所以，从这个意义上讲，社会的发展与人的发展在本质上是一致的。而它们的发展，其根本的原因又在于创新。从人类历史发展的进程不难看出，生产劳动的实践使人以一种全新的方式去构建自己同自然界的关系，使人从自然界里分离出来，提升为一种社会性的存在、主体性的存在，进而又去从事其他的实践活动。人类的这些实践活动不仅改变着自然界，也改变着自己和社会。每一次重大科学技术的创新和突破，都极大地推动着社会的发展，而人在这种创新的过程中自

---

① 马克思，恩格斯. 马克思恩格斯选集：第2卷. 2版. 北京：人民出版社，1995：32.
② 马克思，恩格斯. 马克思恩格斯选集：第1卷. 2版. 北京：人民出版社，1995：142.

身也得到了发展，其知识、智力、情感、意志以及对自然、社会的探索能力都得到了不断的提高。随着社会实践的发展，人得到日益全面的发展，而人的全面发展又推动着社会不断向前发展。可以这么说，人自身的发展是以社会文明为基础的，人在创造社会文明的过程中，也解放了自身，发展了自身，而解放和发展自身的手段就是劳动，更确切地说就是创新实践。

第四章　创新实践与历史动力论

创新实践的历史展开就是人类社会的历史产生和发展的过程，可以说创新实践进行到哪里，人类社会就发展到了哪里，人自身也就发展到了哪里。创新实践的发展过程和人、人类社会的发展过程是系统发育的，它不仅是人类社会历史的原点，而且是人类社会不断发展的深刻根源，是人类社会历史飞跃发展的根本动力，还是人自身发展的体现和根据。创新实践在推动生产力和社会发展与进步，特别是跃进式发展和革命性进步中，居首要地位，起超常作用。如果说实践能力是人及人类社会生存不可缺少的生产力，那么创新实践能力就是人及人类社会发展不可缺少的超常生产力。创新实践是推动生产力与社会跃进式发展和革命性进步的原动力。它的这种推动作用是通过自身的成果，例如知识创新、技术创新、制度创新等来实现的。

一、社会发展动力理论的历史回顾与现状

人类思想史上不乏对"人类社会发展动力"这一问题探索性的解答，虽然有些理论中包含着真理的成分，但是从总体上来说，它们都没有科学揭示社会发展的真正动力。一直到 19 世纪 40 年代，马克思、恩格斯在汲取人类关于社会动力认识史上优秀成果的基础上，创立了科学的社会历史动力理论，解开了困扰人类几千年之久的"斯芬克斯之谜"。

中国共产党人以马克思主义基本理论为指导，结合中国的具体实际和社会主义的伟大实践，不断创新、发展和完善马克思主义的社会发展动力理论，尤其是第三代领导集体对这一问题进行了集中的新概括。

（一）西方的社会发展动力学说

在西方思想史上，很早就有了对社会发展动力问题的追问，例如古希腊哲学家赫拉克利特猜测到事物变化的原因在于事物内部的斗争，用"火"把万物始基与运动之源生动地统一起来，认为"这个世界对一切存在物都是同一的，它不是任何神所创造的，也不是任何人所创造的；它过去、现在和未来永远是一团永恒的活火，在一定的分寸上燃烧，在一定的分寸上熄灭"[①]。这种包含辩证法思想的原始动力论，是人类早期对社会发展动力的一种朴素猜测。

随着生产力的发展，人们在一定程度上从自然的控制中得到解放，但同时又陷入了社会的控制之中，人们开始逐渐从对自然的崇拜转向对超自然的崇拜，进而用超自然的原因解释一切，包括社会发展的动力问题，于是，神学动力论诞生了。奥古斯丁是神学动力论的典型代表。他认为，历史运动的最终动力在于上帝的意志和计划，还有一种直接动力，那就是人类的原罪，也就是人的利己性以及由此而来的矛盾与冲突。

14 世纪末，文艺复兴运动迎来了一个"现代世界的曙光在那里升起的那个伟大时代"，人们把颠倒的人神关系重新颠倒了过来，树立了人的权威，用"人"的眼光来认识世界，用"人"的标准来说明世界，也用"人"的本性来解释社会发展的动力问题，西方启蒙学者提出了人性动力观。例如，伏尔泰把人的本性归结于善，归结于人的理性，把理性作为人类社会发展进步的本原。维柯则把人的本性归结于恶，正是人们对自我私利的追求构成了历史运动的动力。康德认为人的基本秉性有两种，即利己主义和利他主义，但主要是利己主义，正是人的恶的本性驱动着人们为自我利益而奋争，从而推动着历史的进步，但人的利他主义制约着利己主义的恶性发展，二者的矛盾运动推动着历史的发展。费尔巴哈的人本主义用"异化"这个概念对宗教进行了深刻批判，认为追

---

① 北京大学哲学系，外国哲学史教研室. 古希腊罗马哲学. 北京：商务印书馆，1982：21.

求幸福是人生的目的，人生下来就有的欲望，也就是人生的权利，为了保证这个权利就必须抛弃宗教，就必须把人异化为神的类本质还给他，用对类即对人类的爱来代替对神的爱。费尔巴哈不仅把爱当作一个能够创造奇迹的神，而且认为它是人类社会历史发展的动力①。

18 世纪末 19 世纪初，黑格尔认为人类社会发展是"民族精神"或"时代精神"作用的结果，"绝对观念"是历史发展的最后动力。圣布鲁纳和圣麦克斯、施蒂纳等进一步神化黑格尔的这一观点，认为"历史进程必定只是'骑士'、强盗和怪影的历史"②，"神人"与人支配着各个历史时代。企图把"神人"和"怪影"塑造成人类历史的创造者。

汤因比既不像奥古斯丁那样把社会运动的动力直接归结于上帝，也不像黑格尔那样归结于"绝对精神"，但是他还是比较隐晦地把社会发展的动力归结于上帝和神灵的启示。他认为，文明的起源和发展来自各种挑战和成功的应战，而应战行为的源泉来自少数具有创造性的人，正是这些少数创造者的"退隐"和"复出"推动着历史的发展，而这些创造者的"退隐"和"复出"取决于其对上帝的感悟，这些感悟来自上帝的启示，就这样在汤因比那里上帝成了文明运动的根本动因。

随着知识经济浪潮的兴起，现代西方的思想家们也对社会发展的动力问题做出了新的思考。例如，舒尔茨把人的知识、能力、健康等人力资本水平的提高作为经济增长的重要源泉，认为其也是社会进步的重要原因。熊彼特把"创新"作为经济发展的源泉，认为创新也是社会发展的根本动力。他把"创新"的本质界定为一种由企业家为获取超额利润而实施的经济行为，并进一步把"创新"理解为资本主义的实质，解释为一个创造性破坏过程：创新就是"不断地从内部使这个经济结构革命化，不断地破坏旧结构，不断地创造新结构。这个创造性破坏的过程，就是资本主义的本质性的事实"③。熊彼特以"创新理论"为核心，研究了资本主义经济发展的实质、动力与机制，认为经济发展是"创新"的结果，而资本主义的灭亡和"社会主义"的胜利，正是由于"创新"的减退和消失。熊彼特的创新理论比较准确地把握住了时代的脉搏，不仅对于西方资本主义的社会发展具有较强的解释力，而且对于中国的社

---

① 徐伟新. 新社会动力观. 北京：经济科学出版社，1996.
② 马克思，恩格斯. 马克思恩格斯选集：第 1 卷. 2 版. 北京：人民出版社，1995：94.
③ 熊彼特. 资本主义、社会主义和民主主义. 北京：商务印书馆，1979：147.

会发展具有重要的理论启示。

(二) 马克思主义经典动力理论

马克思、恩格斯在批判和吸收以往思想家关于社会发展动力思想的基础上，创立了具有划时代意义的历史唯物主义，科学解决了社会发展的动力问题。马克思的社会发展动力理论包括以下几方面的内容：

第一，人类社会是一个活的有机体，人类社会是以生产为基础的种种要素的有机联系和相互制约，社会历史的发展表现为社会要素之间的相互作用。因此，推动人类社会发展的动力是多方面的，构成人类社会的一切要素和矛盾都可以成为社会发展的动力：生产力与生产关系之间的矛盾、经济基础与上层建筑之间的矛盾、生产力各要素之间的矛盾、生产关系各方面之间的矛盾、科学技术的发展及其在社会生产中的应用等。这些矛盾错综复杂地交织在一起，构成了一个庞大的矛盾体系，共同推动着社会历史的进步。

第二，生产力与生产关系、经济基础与上层建筑之间的矛盾是社会的基本矛盾，是人类社会发展的根本动力。生产力决定生产关系，生产关系对生产力有反作用；经济基础决定上层建筑，上层建筑又反作用于经济基础。这种交互作用，形成了生产力—生产关系（经济基础）—上层建筑的矛盾运动系统。这个矛盾体系的循环往复运动，推动着人类社会不断由低级向高级发展。

第三，在阶级社会中，阶级斗争是推动社会发展的直接动力。在现实的社会发展中，虽然生产力的发展是造成生产关系和上层建筑变革的终极根源，虽然生产力的发展也造就了社会变革的进步力量，但生产力的发展并不能使生产关系和上层建筑自然而然地发生变革。人类社会发展史表明，一种社会形态转变为另一种社会形态，都是通过社会革命来实现的。社会基本矛盾的尖锐化是社会革命的深刻根源。社会革命的实质是革命的阶级推翻反动阶级的统治，用先进的社会制度代替落后的、腐朽的社会制度。革命的目的就是解放生产力、发展生产力。所以，马克思称阶级斗争是阶级社会"历史的直接动力"，是"现代社会变革的巨大杠杆"①，并把阶级斗争的最高形式——社会革命比喻为**历史的**

---

①　马克思，恩格斯. 马克思恩格斯全集：第19卷. 北京：人民出版社，1963：189.

火车头"①。因此，阶级斗争是推动社会发展的直接动力，是解放生产力的必由之路。

第四，历史是由人民群众创造的，人民群众在创造历史的时候要受到社会物质关系发展状况的制约。马克思指出："人们自己创造自己的历史，但是他们并不是随心所欲地创造，并不是在他们自己选定的条件下创造，而是在直接碰到的、既定的、从过去承继下来的条件下创造。"②

第五，社会历史的发展是通过"历史合力"的方式实现的。正如恩格斯所描述的那样："历史是这样创造的：最终的结果总是从许多单个的意志的相互冲突中产生出来的，而其中每一个意志，又是由于许多特殊的生活条件，才成为它所成为的那样。这样就有无数互相交错的力量，有无数个力的平行四边形，由此就产生出一个合力，即历史结果，而这个结果又可以看作一个作为整体的、**不自觉地**和不自主地起着作用的力量的产物。"③

第六，科学是最高意义上的革命力量。马克思注意到，在资本主义社会里，"劳动生产力是随着科学和技术的不断进步而不断发展的"④，"大工业的发展，现实财富的创造……取决于一般的科学水平和技术进步，或者说取决于科学在生产上的应用"⑤。鉴于科学技术有如此重要的作用，所以，马克思称它为"一般生产力""直接生产力"。恩格斯在纪念马克思时说，马克思"把科学首先看成是历史的有力的杠杆，看成是最高意义上的革命力量"⑥。显然，马克思把科学技术看成在资本主义社会相对于革命的更高意义上的社会发展动力。马克思的社会动力观及研究资本主义社会发展动力的角度和方法，对于后人研究社会主义发展动力问题具有重要的指导意义。

（三）社会发展动力理论在中国

中国社会主义发展动力的探索起始于毛泽东。20 世纪 50 年代中期

---

① 马克思，恩格斯. 马克思恩格斯全集：第 10 卷. 2 版. 北京：人民出版社，1998：214.
② 马克思，恩格斯. 马克思恩格斯选集：第 1 卷. 2 版. 北京：人民出版社，1995：585.
③ 马克思，恩格斯. 马克思恩格斯选集：第 4 卷. 2 版. 北京：人民出版社，1995：697.
④ 马克思，恩格斯. 马克思恩格斯全集：第 23 卷. 北京：人民出版社，1972：664.
⑤ 马克思，恩格斯. 马克思恩格斯全集：第 46 卷. 下. 北京：人民出版社，1980：217.
⑥ 马克思，恩格斯. 马克思恩格斯全集：第 19 卷. 北京：人民出版社，1963：372.

毛泽东把马克思、恩格斯和列宁关于社会发展动力的一般原理用于分析中国社会主义建设初期的实际国情，以苏联社会主义建设时期斯大林对社会主义发展动力的错误认识和错误实践为借鉴，明确提出了社会主义社会是在社会矛盾中发展、基本矛盾是社会主义发展动力的思想。毛泽东的《论十大关系》和《关于正确处理人民内部矛盾的问题》集中阐述了矛盾动力观的理论。但这一理论贡献对我国社会主义实践的积极影响并没有长期保持下去，由于复杂的国际环境和主观原因，毛泽东错误地理解和处理了社会主义基本矛盾两方面的关系，夸大了生产关系和上层建筑的反作用，夸大了矛盾的斗争性及其在解决矛盾中的地位，把矛盾动力变成了"斗争的哲学"，造成了长达十几年的停滞和后退。

中国社会主义发展动力理论形成于邓小平。党的十一届三中全会前后，邓小平首先完成了社会主义发展动力上的拨乱反正。他继承了马克思主义关于生产力是社会发展动力的理论，根据社会主义现代化建设的实际，创造性地提出了"科学技术是第一生产力""改革动力论"。邓小平认为，生产力的发展是社会发展的原动力，而科学技术是第一位的生产力，在社会发展中起着举足轻重的作用，改革则是推动社会主义社会发展的直接动力。生产力的发展、科学技术的进步与改革相互作用、相互配合，构成一个动力系统，共同推进社会主义现代化建设。如果说"科学技术是第一生产力"是从生产力角度来探究社会发展的动力，那么，"改革动力论"则是从生产关系角度，从生产关系对生产力的反作用方面探究社会发展的动力。邓小平的社会发展系统动力论，深化了马克思主义社会发展动力观，为我们科学认识生产力结构及其发展的内在规律，认识生产力与生产关系的矛盾运动，认识现代科学技术发展对社会的影响，提供了新的思路、新的视野。

创新动力论是中国社会发展动力理论在新的历史条件下的新发展。进入20世纪90年代以来，世界格局多极化和经济全球化趋势加速发展，世界已进入知识经济时代，科学技术发展的交叉性、前沿性和多样性，科技知识空前快速地生产、传播和转化，推动了经济社会的巨大进步，使人类文明显示出光明灿烂的前程。从国内看，自党的十四大以后，改革进入攻坚阶段，改革层次加深，改革难度也在加大，体制转变中深层次的矛盾和问题逐渐暴露出来，在这种时代条件下，将中国特色社会主义事业全面推向21世纪，必须"着眼于马克思主义的运用，着眼于对实际问题的理论思考，着眼于新的实践和新的发展”，在推进社会主义改革向纵深发展的基础上，紧密结合知识经济的时代特征，创造性地提出社会主义全面发展的“创新动力论”，把马克思主义的社会发展动力理论发展到一个新阶段。

二、技术创新实践是物质文明发展的超常动力

所谓技术创新实践，是指创新实践者在对客观事物及其规律深化认识的基础上为了实现生产技术革新所进行的实践。创新实践，尤其是创新实践中的技术创新实践会直接产生新技术，引起技术革新或技术革命，从而导致生产力的变革或革命，推动物质文明的发展。

（一）技术创新实践推动物质文明的机制研究

技术创新实践的成果就是作为技术创新的新产品、新工艺、新工具、新方法等。每一次技术创新实践都会带来一定的技术成果。这些技术成果一旦渗透到生产力的各个要素中，得以实际应用，就转化为现实的生产力，从而积淀到生产力诸要素中得以保存。此后的技术创新实践就会在现有生产力的基础上进行，也就是在以前技术创新的基础上进行。一旦经济、政治、文化等方面的条件成熟，技术创新实践就会集中涌现，推动技术飞跃式发展和革命性变革，就会表现为技术革命。技术革命来源于技术创新实践，是在技术创新实践的基础上产生的。一方面，它体现并内在地包含着以前技术创新实践的成果，技术创新实践的成果在技术革命中得到保存；另一方面，技术革命又为新的技术创新实践开辟了道路，提供了新的物质技术手段，以后的技术创新实践就在技术革命的基础上展开。技术创新实践的不断积累，又会导致新的技术革命的爆发。就这样，在技术创新实践和技术革命的辩证运动过程中，在二者互动的基础上，技术水平不断提高，不断提高的技术水平被运用到生产力的诸要素中，就会推动生产力的不断发展，从而为人类社会的发展奠定物质基础，集中体现在人类社会的物质文明成果中。

（二）技术创新实践推动物质文明的历史考察

从人类社会发展的历史上看，在技术创新实践的基础上发生无数次

技术革新和六次技术革命，每一次技术革新都给人类历史的发展注入了新的动力，每一次技术革命都实现了生产力的跨越式发展，极大地提高了社会生产力水平。

史前期以火的使用为代表的第一次技术革命，结束了人类漫长的野蛮时期，迎来了文明时代。

第二次是农业技术革命，它使人类从对自然的过度依赖中部分解放出来，创造了辉煌的农业文明。距今1万年前后，农业的出现是一项伟大的技术创新，是文明起源的第一大前提。农业的需要推动着农业技术的创新，要求用磨光刃部、更加锋利的石斧去砍伐丛林，开垦荒地，用磨光的锐利的石锛制作木器、骨器、蚌器作为耕种农具，用磨光的锐利的石刀、石镰收获庄稼，用磨光的石磨盘、石磨棒加工粮食。由于农业发展的需要，灌溉技术不断发展，新兴冶金技术开始出现，犁、车轮被发明出来，使人类利用动物代替自身体力成为现实，风力、水力得到应用，大大提高了农业生产的效率和生产水平，使社会生产力有了一个划时代的大飞跃，人口数量空前增加。农业的发展一方面产生了对生产工具的需要，另一方面也带来了生活方式上的根本变化，从流动的原始人群、原始公社，走向群居的定居生活，制造各种生活器皿的需要加强了，于是手工业也应运而生。由于农业生产水平得到了提高，粮食生产有了一定的剩余，一部分人不用去种田，而是从事一些专职工作，来换取种田人生产的农产品。当一些手工技艺变得非常专门化，贸易也就成为一种专门的行当，于是集中贸易的场所就发展成为城市，里面居住着各行各业的人，例如工匠、商人、职业武士、行政官吏、祭司等。农业技术革命终于带来了辉煌的农业文明。

第三次是以蒸汽机和工具机的发明和广泛应用为标志，发生于18世纪60年代至19世纪40年代的技术革命。这次技术革命直接导致了工业革命，它所带来的大机器生产的出现，结束了人类一直依靠简单的手工工具和从事繁重体力劳动的时代，开始步入工业时代。在工业发展史上，棉纺织业是最先实现机械化的。1764年英国纺织工哈格里沃斯发明了"珍妮纺纱机"，使劳动生产率提高了几十倍。这个发明在纺织史上占有十分重要的地位，恩格斯曾称之为"使英国工人的状况发生根本变化的第一个发明"。1769年英国发明家查理·阿克赖顿发明了用水轮驱动皮带转动的"水力纺纱机"，比"珍妮纺纱机"的效率更高，纺出的纱线结实而紧密。1763年，瓦特蒸汽机的发明，第一次大规模地把热能转变为机械能。1785年，瓦特蒸汽机开始运用于纺织工业。蒸汽机的发明和应用向历史、向全人类宣告：人类仅仅依靠自身体力、畜力、风力和水力的历史一去不复返了！随着瓦特蒸汽机的发展和运用，纺织、采矿、冶金、机械业等都得到了蓬勃发展。由于采用瓦特蒸汽机作为原动机，使纺织厂打破了必须建在河谷地区的地理条件的限制，使纺织业的发展进入了一个新的时期。在冶金业中，从1790年开始，许多炼铁厂相继采用蒸汽机来开动更大的鼓风机，来为更大的高炉提供更大的风力。在此之前，炼铁工人达比已在1780年发明焦炭炼铁法。新的燃料加上新的动力，使高炉越建越大，产量越来越高。1788年，英国的生铁产量为61 300吨，而在各炼铁厂相继采用蒸汽机后，到了1796年，英国的生铁产量猛增到125 000吨。由于社会生产对瓦特蒸汽机的需求量越来越大，以蒸汽机的制造为主体的机器制造业也随之发展起来。自此之后，车床、刨床、钻床、磨床等各种机床制造工业以及纺织、采矿、冶金、运输等各种工种工作机的制造业也相应地发展起来。以农业机械为例，在18世纪末19世纪初，在英国的许多大农场就相继出现了播种机、收割机、打谷机、割草机等多种农业机械。尽管这些农业机械都是以人力或畜力为动力的，但它们却是瓦特蒸汽机在推动第一次工业革命的深入发展中结出的技术果实。这说明，第一次工业革命的风暴不但在工业领域迅速发展，而且迅速地波及工业以外的其他领域。据有关资料统计，在1770—1870年这100年间，资本主义世界的工业生产增长了9倍，年均增长率达4.7%。这是资本主义社会生产力发展的第一次飞跃。正如《共产党宣言》中所说："资产阶级在它的不到一百年的阶级统治中所创造的生产力，比过去一切世代创造的全部生产力还要多，还要大。自然力的征服，机器的采用，化学在工业和农业中的应用，轮船的行驶，铁路的通行，电报的使用，整个整个大陆的开垦，河川的通航，仿佛用法术从地下呼唤出来的大量人口，——过去哪一个世纪料想到在社会劳动里蕴藏有这样的生产力呢？"①

第四次是19世纪中后期开始的技术革命，也就是电气技术革命，其主要标志是电动机的发明和电力使用，产生了大规模的钢铁厂、化工

---

① 马克思，恩格斯. 马克思恩格斯选集：第1卷. 2版. 北京：人民出版社，1995：277.

厂、发电厂和机械厂，它使重工业、化学工业和交通运输业得到迅猛发展，生产力水平空前提高，人类真正进入了工业时代。第一，发电机的发明使得电力的利用变为了现实，引发了新的动力革命，使工业生产跨入了一个新的阶段，在此基础上，电车、电站、电焊、电镀、电解法、电冶法等生产技术纷纷涌现出来，各种电器在生产和生活各个领域得到广泛利用，电力和电气工业迅猛发展；第二，内燃机的发明，以及石油开采技术和运输技术的发明和应用，使内燃机得以广泛应用，使石油工业得以兴起，从而实现了动力工业根本性的变革；第三，新的动力技术及新能源的采用，加上炼钢技术的创新，钢铁工业得到了很大的发展，不仅在数量上大大增长，而且品种和数量也日新月异，据有关资料显示，在1870—1913年期间，世界钢产量提高了146倍①，工业生产进入了"钢铁时代"；第四，化工技术的创新，导致了化学工业的出现，不仅使原材料工业发生了革命性的变革，而且还渗透到其他工业部门，例如矿山、冶金、石油提炼、纺织、橡胶和建筑等，直至延伸到与人造肥料和食品有关的农业中去，极大地推动了这些工业的发展。随着工业革命的深入发展，许多新兴的重工业部门，如钢铁业、化学工业、电气工业、重型设备制造业、汽车和机车制造等开始快速增长，从而导致了世界工业生产的高速增长。据有关资料统计，在1893—1913年的20年中，资本主义世界工业生产增长了1.5倍，年均增长率达4.6%，是资本主义经济发展非常迅速的一个时期。

继近代科技史上的蒸汽技术革命和电力技术革命之后，自20世纪中期以来，以原子能、电子计算机和空间科学技术等为主要标志，又开始科技史上第五次技术革命。正因为如此，有人说，人类社会已经进入了原子能的时代，也有人说是进入了电子的时代或人工智能的时代，还有人说是进入了宇航或空间探索的时代。首先，原子能的开发利用，揭开了现代技术革命的序幕。继20世纪50年代前后原子弹和氢弹制造成功，60年代开始各国又先后发展了核电站和核动力舰艇，从此开始了核能在人类社会的实际应用。经过短短20多年的发展，原子能已经在工业生产、交通运输、农业、医学，以及科学技术等各个领域中发挥愈来愈大的作用，作为一种强大的新能源，它也正在改变着许多国家能源

---

① 宋则行，等. 世界经济史：上. 北京：经济科学出版社，1998：237−242.

的结构和产业的布局。其次，电子计算机的出现，是人类智力解放征途中的重大里程碑。经过电子管、晶体管、集成电路和大规模集成电路的第一、二、三、四代计算机的发展，今天的电子计算机正进入第五代，即用超大规模集成电路装备的巨型计算机和微型机。电子计算机一诞生，就被用于装配自动线和机器人，由此把社会生产的自动化提高到了一个崭新的水平，还把人类从繁重的体力劳动、复杂的脑力劳动中解放出来。电子计算机现在广泛应用到工厂、矿山、油田、农场、学校、列车、飞机、舰船、工程设计、经济管理、科学研究、军事指挥乃至家庭生活等各个方面，它百倍、千倍甚至上万倍地提高了各个领域的劳动或工作效率，因此，不仅社会生产力发展到了前所未有的新水平，而且还兴起了以计算机为核心的各种"知识产业"或"智能产业"，这就不可避免地要引起社会经济结构、人类生活方式和思想观念的大革命，从而促进人类社会的大发展和大变革。最后，空间科学技术是现代科学技术高度发达的标志和象征。20世纪50年代以来，人类便开始超越地球引力的束缚而进入宇宙空间，利用人造地球卫星从事通信、观测、探矿、绘图、预报天气和科学研究等等。随着"太空实验室"（空间站）和航天飞机的成功运行，以及对遥远天体的成功探索，当代空间科学技术的前景更加诱人，诸如宇宙采矿、宇宙冶炼、宇宙加工、宇宙医药、宇宙工程、宇宙旅行等等，如今已成为人类着手研究或开发实施的崭新事业。

目前正经历的以信息技术、生物技术为代表的新技术革命是第六次技术革命。自20世纪70年代以来，现代科技和产业布局出现了崭新的发展趋势，在发达的工业国家里，传统"烟囱工业"开始衰退，一些新兴的知识密集型产业和技术密集型产业却得到迅速发展。面对这种情势，西方一些未来学家指出，这预示新技术革命已经在工业发达的国家里开始了，他们认为这是最大的一次技术革命。当前，各种资料和数据显示，这次新的技术革命将以信息产业为主体，大力发展微电子技术、生物技术、光纤技术、海洋技术等新兴科学技术，人类社会的进一步发展，必将由原子能时代或电子时代进入信息时代或信息社会。由于新的信息产业的大发展、社会信息系统的普遍建立，人类社会的生产力必将发生一次新的大飞跃，由此带来社会经济、人类生活和思想观念的大变化，从而在一定的程度上改变世界的面貌，或者说推动人类社会的大变革。

三、制度创新实践是制度文明发展的直接动力

人类社会除了由经济结构、意识结构构成以外，还由社会政治结构构成。政治结构的主体部分就是上层建筑。唯物史观认为，在社会基本矛盾运动中，生产力决定生产关系，经济基础决定上层建筑；但是，生产关系和上层建筑又不是消极无为的，生产关系对生产力、上层建筑对经济基础并直接或间接地对生产力，都具有巨大的反作用。如果生产关系不适应生产力的需要，就会阻碍生产力的发展；同样，不适应经济基础和生产力发展需要的上层建筑也会阻碍经济基础和生产力的发展。社会的进步应该是全面的进步，当然，政治和制度的进步也是一个重要的方面，这就表现为政治文明。创新实践对政治文明的推动作用通过两种方式：一种是间接的推动，即通过技术创新对生产力发展的推动作用来推动生产关系、上层建筑的进步和发展，以及通过对精神文明发展的推动作用来推动生产关系和其他一切社会关系的变革；另一种是直接的推动，即通过制度创新实践实现制度创新，直接对制度本身进行变革。所谓制度创新实践，是指为了实现新制度的创造和已有制度的优化所进行的实践。制度创新实践对制度文明的作用表现为三种方式：制度调整、体制改革和制度革命。

（一）制度调整对既有制度的优化

在根本制度不变的基础上，对生产关系和上层建筑进行的局部性调整，是针对生产力与生产关系、经济基础与上层建筑中的某些经常性矛盾，对生产关系和上层建筑的某些个别环节和方面，采取一些过去没有过的新的制度安排。这种经常性的、局部性的调整可以出现在人类社会的任何阶段、任何时期，它所要解决的是某一领域内、某一问题上生产力与生产关系和上层建筑的矛盾，而不触及生产关系和上层建筑的全局和根本。

（二）体制改革对既有制度的革新

进行具体制度的创新和变革，这就是体制改革。在一种新的社会

制度建立起来以后，生产力与生产关系、经济基础与上层建筑之间仍然存在着矛盾，一般来讲，在社会制度所能容纳的全部生产力还没有发挥出来以前，生产力与生产关系、经济基础与上层建筑的这种矛盾是可以通过经常性的调节来解决的。但是，由于当权者没有认识到矛盾的存在，而没有及时进行改革，或者由于特殊的原因，例如既得利益的驱动、对改革风险的畏惧等不愿意进行改革，或者虽然进行了改革，但是由于决策失误、政策不当，并没有起到解决矛盾的目的，而使生产力和生产关系、经济基础和上层建筑之间的矛盾激化，乃至生产关系和上层建筑成了生产力发展的严重阻力。在这种情况下，采取推翻根本制度的方式来解决生产力和生产关系、经济基础和上层建筑之间的矛盾不仅是行不通的，也是不必要的，科学的态度是在不改变现有根本制度的情况下，进行体制改革，运用该办法来解决日益激化了的社会基本矛盾。这种体制改革在任何一种社会形态下，特别是当一种社会形态处于上升阶段时，对解放和发展生产力也都会产生巨大的作用。在社会主义社会，生产力和生产关系、经济基础和上层建筑是既相适应又相矛盾的，但是由于政策不当也会出现社会基本矛盾激化、生产关系和上层建筑严重阻碍生产力发展的情况。特别是，当不适应生产力发展的生产关系和上层建筑的环节和方面体制化了，形成了一整套僵化的经济体制和政治体制的时候，对生产关系和上层建筑进行修修补补的调整已经无济于事，这时候就需要进行根本性的体制改革。

（三）制度革命对既有制度的根本性变革

制度革命是对社会制度的根本性变革，其突出的表现形式就是社会革命。一般情况下，每一次制度创新都会或多或少地促进制度的优化，以及在一定程度上的制度变迁，这就是总的量变过程中的部分质变。每一种社会制度都具有一定的历史合理性，同时也具有一定的历史局限性，也就是说都有一定的适用范围。在这一范围之内，它就有存在的理由，也就有在不改变根本制度的前提下进行制度调整的空间，但是，一旦超出这个范围，就必须进行根本性的制度变革，即彻底改变社会制度，才能起到解放和发展生产力的目的。马克思曾经对此做过经典的论述："我所得到的、并且一经得到就用于指导我的研究工作的总的结果，可以简要地表述如下：人们在自己生活的社会生产中发生一定的、必然的、不以他们的意志为转移的关系，即同他们的物质生产力的一定发展阶段相适合的生产关系。这些生产关系的总和构成社会的经济结构，即有法律的和政治的上层建筑竖立其上并有一定的社会意识形式与之相适应的现实基础。物质生活的生产方式制约着整个社会生活、政治生活和精神生活的过程。不是人们的意识决定人们的存在，相反，是人们的社会存在决定人们的意识。社会的物质生产力发展到一定阶段，便同它们一直在其中运动的现存生产关系或财产关系（这只是生产关系的法律用语）发生矛盾。于是这些关系便由生产力的发展形式变成生产力的桎梏。那时社会革命的时代就到来了。随着经济基础的变更，全部庞大的上层建筑也或慢或快地发生变革。"① 随着占统治地位的生产关系和上层建筑被新的生产关系和上层建筑所取代，旧的社会制度被新的社会制度所取代，社会基本制度发生根本变化，社会形态也就发生了变革。

随着制度创新的不断积累，现有社会制度留给制度创新的空间逐渐减少，以至于最终消失，这个时候量变就达到了关节点，必然引起质变，即制度的根本性变革，就是制度革命，其突出表现形式就是社会革命。每一次社会革命都包含着以前制度创新实践的积极成果，并为新的制度创新实践开辟道路，达到一定程度还会导致新的制度革命。在制度创新实践和制度革命的辩证运动过程中，制度不断进步，政治文明不断发展，从而促进整个社会的发展。

四、知识创新实践是精神文明发展的直接源泉

知识创新实践就是为了获得知识创新成果，即新知识、新发现、新规律、新学说、新方法等而进行的实践活动。根据创新实践所获得的创新成果所属的领域，可以把知识创新实践划分为自然科学知识创新实践和社会科学知识创新实践。所谓精神文明，就是人类在改造客观世界的同时改造主观世界的精神成果的总和，是人类精神生产的发展水平及其

---

① 马克思，恩格斯. 马克思恩格斯选集：第2卷. 2版. 北京：人民出版社，1995：32-33.

积极成果的体现。知识创新实践对精神文明的推动作用主要有两种方式：间接的推动作用和直接的推动作用。

（一）间接的推动作用

所谓间接的推动作用，就是科学作为一种潜在的社会生产力，渗透到生产力的各个要素中，转化为现实生产力，直接推动物质文明的进步，从而间接地为精神文明奠定物质基础。科学是知识形态的生产力，是生产力中的渗透性要素，它既存在于生产者身上，表现为生产者的知识创新实践素质，又渗透在生产的工艺和方法中，物化为生产资料，还存在于生产劳动的社会结合上，表现为对生产的管理。这里的知识创新实践成果既有自然科学，也有社会科学。自然科学对社会生产力的巨大推动作用，已经得到了人们的普遍认可，得到了理论上和实践上相当充分的证明，这里就不再赘述。但是，对于社会科学在社会生产力发展中的巨大推动作用，人们往往认识不足，甚至根本就没有把社会科学当作科学，认为"科学技术是第一生产力"只是针对自然科学而言的。事实上，社会科学也是科学，也是第一生产力，也能够转化为现实的生产力。以社会科学与生产力发展的关系为标准，大致可以把其分为三类。第一类是可以直接转化为物质生产力的，如经济学、决策学、管理学等。在市场经济条件下，营销战略、生产决策直接关系到企业的生存发展。特别是随着现代化的发展，社会产业结构、企业内部结构日益复杂，从决策、计划、组织、协调、指挥到检测等，都需要科学管理，才能使生产的各个环节紧紧相扣、多种关系协调配合，从而得到最佳效益。第二类是虽不能直接转化为物质生产力，但对生产力发展具有巨大推动作用的，如哲学、历史、政治、法律、道德等。人们掌握了这些科学，认识了事物发展的客观规律，不仅会极大地提高其在物质生产过程中的能动性，而且会促进社会生产力的极大发展，如同毛泽东所说："代表先进阶级的正确思想，一旦被群众掌握，就会变成改造社会、改造世界的物质力量。"① 第三类是离经济基础较远，但可以经过曲折途径对生产力发生作用的，如文学、艺术（影视、戏剧、音乐、舞蹈、绘画、雕塑）等。高雅的文学艺术作品对于形成健康向上的社会文化环境

---

① 毛泽东. 毛泽东文集：第 8 卷. 北京：人民出版社，1999：320.

具有重要作用，这种环境可以陶冶人的情操，激励人的斗志，使得作为劳动力的人的素质不断提高，从而自觉地推动社会生产力的进步和发展。

（二）直接的推动作用

所谓直接的方式，就是作为知识创新实践成果的科学，包括自然科学和社会科学，它们是直接推动精神文明发展的动力和源泉。

1. 自然科学知识创新实践是精神文明的直接源泉

自然科学知识创新实践可以为人类的发展提供新的自然科学知识，甚至在一定情况下可以导致科学革命。自然科学知识作为人类认识自然、改造自然的积极成果，不仅具有强大的技术功能，而且具有巨大的社会功能。其社会功能的一个重要方面就是作为精神文明的直接来源，塑造精神文明。

（1）自然科学知识创新实践成果——自然科学本身就是精神文明的重要内容之一。精神文明是人类精神生产和精神发展的积极成果，而科学是人类智慧的结晶，是人类精神生产的积极成果之一，因此，它理所当然地是精神文明的重要内容之一。不仅如此，科学所蕴含的实事求是的严谨精神、批判创新的进取精神、互助共进的协作精神等也是精神文明的重要内容。

（2）自然科学知识创新实践对科学的世界观的形成有重大的影响。早在1886年，恩格斯就指出："推动哲学家前进的，决不像他们所想象的那样，只是纯粹思想的力量。恰恰相反，真正推动他们前进的，主要是自然科学和工业的强大而日益迅猛的进步。"[①] 自然科学的每一次重大进步都影响着人们世界观的改变，而人们世界观的每一次进步和发展，都离不开科学的引导。比如，从托勒密的地心说到哥白尼的日心说的转变，使人类对世界的认识"从封闭的世界走向无限的宇宙"，使人类的精神生活从过去对上帝的虔诚、恭敬转向无神论，占据支配地位1 000多年的宗教从此让位于科学。爱因斯坦的相对论不仅丰富发展了物质学理论，而且促使时空观、运动观和物质观发生了深刻的革命，改变了人们考虑问题的角度。达尔文的生物进化学说也曾极大地震动和改

---

① 马克思，恩格斯. 马克思恩格斯选集：第4卷. 2版. 北京：人民出版社，1995：226.

变了人们的世界观，改变了人类对自身与周围世界、与其他的存在物的真正关系的认识——人只不过是动物进化序列中的一个环节而已。而18世纪下半叶以来，细胞学说、能量转换与守恒定律、生物进化论的创立，促进了马克思主义科学世界观的诞生，标志着人类的精神文明达到了一个新的水平。"随着自然科学领域中每一个划时代的发现，唯物主义也必然要改变自己的形式；而自从历史也得到唯物主义的解释以后，一条新的发展道路也在这里开辟出来了。"①

（3）知识创新实践推动着社会道德的进步。科学从根本上说，是真、善、美的辩证统一，具有丰富的伦理价值。它要求科技人员必须具有强烈的创新意识、实事求是的科学态度、坚韧不拔的探索精神和为真理献身的无私奉献的高尚品质，从而使科学活动本身起到一种道德培养的作用。科学的使命在于使人们的生活与劳动变得轻松，扩大社会对自然力的支配能力，促进社会与自然关系的改善。造福人类，是科学的宗旨。自然科学的美是指科学理论结构上的和谐和形式上的悦人。大千世界是纷繁复杂的，但又是和谐统一的。正如爱因斯坦所说的："要是不相信我们的理论构造能掌握实在，要是不相信我们世界的内在和谐，那就不可能有科学。这种信念永远是一切科学创造的根本动力。"② 总之，科学集真、善、美于一体，它本身就是崇高道德观念的体现，因此科学进步推动着社会道德的进步。

（4）自然科学知识创新实践影响人们的人生观、价值观。知识创新实践对于人们的人生观、价值观的转变有着重大的启蒙作用。我们看到，在西欧1 000多年的中世纪历史上，整个社会笼罩在上帝的观念之中。哥白尼提出"日心说"，颠覆了长期以来的托勒密"地心说"的天文学体系；伽利略创造物体动力学理论，打破了亚里士多德的许多理论教条；19世纪达尔文《物种起源》的发表，彻底粉碎了上帝创造人和万物的神话。知识创新实践的变革终于向人类宣布：上帝是不存在的。人们需要重新考虑人的尊严、人的利益、人的幸福和人的价值问题。科学能够直接作用于人的心灵世界，提高人的智慧和理智，推进人们社会行为的理性化。近代自然科学的进步，知识创新和它们的理论体系，是

① 马克思，恩格斯. 马克思恩格斯选集：第4卷. 2版. 北京：人民出版社，1995：228.

② 爱因斯坦. 爱因斯坦文集：第3卷. 北京：商务印书馆，1979：181.

马克思主义产生和发展的基础，是精神文明的重要组成部分，而且是精神文明中比较稳固、充满活力、飞速发展的部分。而"自然科学是一切知识的基础"①。在人类社会发展的历史进程中，知识创新实践一直是战胜愚昧迷信的伪科学的锐利武器，是开启自然界和人类社会历史领域迷宫的钥匙。科学犹如一轮永远不落的"精神的太阳"，照耀着人类社会的发展和人类自身素质的提高。科学是清洗剂，既清洗附着在人类身上的野蛮、愚昧、迷信和污浊，又能排除在一定条件下沉渣泛起的封建迷信的毒焰，直接改造人们的精神世界。宗教迷信是随着科学知识的进展而节节败退的。正如恩格斯所说："在科学的猛攻之下，一个又一个部队放下了武器，一个又一个城堡投降了，直到最后，自然界无限的领域都被科学所征服，而且没有给造物主留下一点立足之地。"②

（5）自然科学知识创新实践影响着人们的思维方式。精神文明同人类思维的发展水平密切相关。就总体而言，精神文明的发展是同人的智力和智慧的开拓，同思维方式的不断进步、不断科学化相应增长的。古代的自然科学，基本上处于现象的描述、经验的总结和猜测性的思辨阶段。人们对事物的认识，主要是以知觉的和零散的形式出现的。与这种科学水平相一致，人们的思维方式便表现为笼统的以狭隘的经验为中心的整体思维方式。后来，伴随着近代科学的诞生和发展，近代自然科学普遍地采用分析方法去分门别类地研究各种自然现象，在这种方法的影响下，分析型思维方式就成了此后几个世纪居主导地位的思维方式。从20世纪初物理学革命到当代生物学革命，人类认识的视野急剧扩大，认识内容迅速深化，与此相一致，人们的思维方式也发生了根本性的变化。其特点是，将分析与综合结合起来，进行系统的整体思考。自然科学经历了一个由古代到近代再到现代水平的不断提高的过程，人们的思维方式受到其影响也经历了这样一个逐渐科学化的过程。因此一定时代的科学发展水平，总是决定着该时代人们思维方式的科学化程度。知识创新实践影响着人们的思维方式，因而影响着精神文明的建设。

2. 社会科学知识创新实践是精神文明的源泉

社会科学知识创新实践不仅可以通过促进生产力的发展间接地

---

① 马克思，恩格斯. 马克思恩格斯全集：第47卷. 北京：人民出版社，1979：572.
② 马克思，恩格斯. 马克思恩格斯全集：第20卷. 北京：人民出版社，1971：540.

推动精神文明的进步，而且可以通过自己的积极成果直接推动精神文明的进步，从这个意义上说，社会科学知识创新实践是精神文明的源泉。

（1）社会科学知识创新实践的积极成果本身就是精神文明的重要内容。作为系统的知识理论体系，社会科学包括社会学、历史学、经济学、政治学、军事学、伦理学、法学、教育学、心理学、文艺学、文化学、宗教学、民族学等众多学科，这其中的积极成果本身就是精神文明的重要组成部分。另外，社会科学中有一部分是理论，尤其是马克思列宁主义、毛泽东思想和邓小平理论，更是精神文明的精髓之所在。一般来说，我们把这一部分社会科学理论的创新称为理论创新。理论创新是引导社会发展强大的思想动力。

（2）社会科学知识创新实践能够帮助人们树立积极向上的理想、信念，促进观念形态精神文明的发展。信念、理想是团结、凝聚人民群众，鼓舞人民群众为国家和民族的根本利益努力奋斗的力量源泉。邓小平说："为什么我们过去能在非常困难的情况下奋斗出来，战胜千难万险使革命胜利呢？就是因为我们有理想，有马克思主义信念，有共产主义信念。"[①] 反之，苏联和东欧一些国家则向世人提供了因理想、信念崩溃而导致解体、剧变的例证。历史经验说明，理想、信念关系到一个民族的兴衰存亡。而社会科学知识创新实践就是解决人们的理想、信念问题的主要途径，也就是通过社会科学知识创新，以科学的理论武装人，以正确的舆论引导人，以高尚的精神塑造人，以优秀的作品鼓舞人，帮助人们正确认识社会发展规律，正确认识国家的命运和前途，树立高尚的世界观、人生观、价值观，发扬艰苦奋斗、励精图治、知难而进、自强不息的精神，自觉为国家的繁荣富强和民族的伟大复兴而奋斗。

（3）社会科学知识创新实践能够作用于教育，在为教育事业提供新的教育思想、教育理论的指导的同时，不断丰富和完善教育的内容，在为人们注入科学精神的同时注入人文精神。科学是关于自然、社会和思维的规律性的理论体系，其任务是揭示事物发展的客观规律、探求客观真理，使之成为人们改造世界的指南。科学包括自然科学和社会科学。

---

① 邓小平. 邓小平文选：第 3 卷. 北京：人民出版社，1993：110.

以马克思主义为指导的社会科学不仅给自然科学的发展以世界观和方法论的指导，帮助人们正确认识自然界的发展规律，而且给科学家以精神动力，增强人们攀登知识创新实践高峰的斗志和信念。科学是人们改造世界锐利的思想武器，它在为人们带来福利和进步的同时，也可能给人们带来灾难和痛苦。社会科学知识创新实践对于培养人们的人文精神具有不可替代的作用，它能够增强人类对科技发展和使用的伦理和法律控制，以保证创新实践成果沿着增进人类幸福、维护人的尊严和权利的道路向前发展。

（4）社会科学知识创新实践能够促进人们社会公德意识的增强，从而促进精神文明的进步。优秀的、积极的社会科学知识创新实践成果能够帮助人们树立社会公德、职业道德和家庭美德，引导人们讲文明、讲礼貌、爱岗敬业、诚实守信、尊老爱幼、勤俭持家，反对见危不帮、见利忘义、坑蒙拐骗、封建迷信等不良社会现象；能够帮助人们树立主人翁责任感和正确的权利义务观念，引导人们遵守宪法和国家的政策法规，自觉服从劳动纪律和工作纪律，在现代化建设中保持思想统一、步调一致，逐步在全社会形成服务群众、奉献社会、文明有序、安定团结的良好局面。

五、三大文明的系统作用推动着社会不断进步

马克思主义认为，实践是人所特有的本质活动，是人的存在方式。实践的内容是丰富多彩的，实践的形式也是多种多样的。但最能体现实践本质特征的是处理人与自然之间关系的生产实践、处理和调整人与人之间社会关系的实践以及创造精神文化的实践等三种形式。文明是人类社会实践的积极成果，这三种基本实践形式造就了物质文明、制度文明和精神文明。物质文明是社会文明的基础，它决定着社会的制度文明和精神文明；制度文明是社会文明的保障，它保障着社会的物质文明和精神文明；精神文明是社会文明的精神动力，它促进着物质文明和制度文明的发展。"三个文明"是相互促进、互为条件的辩证统一体（见图4-1）。社会历史是经济、政治、文化相互影响的辩证发展过程，制度文明与物质文明、精神文明是相互依存、相互作用的。

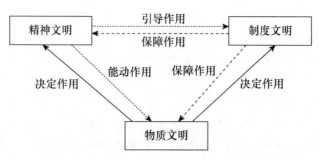

图4-1　构成社会文明系统的三大文明关系图

（一）物质文明是精神文明、制度文明的基础，因而是推动社会发展的决定力量

辩证唯物主义认为，"物质生活的生产方式制约着整个社会生活、政治生活和精神生活的过程"①。作为物质生产、物质生活进步状态的物质文明，必然是作为社会政治生活、精神生活进步状态的社会制度文明、精神文明的基础，因而也是整个人类文明的基础。它不仅对精神文明具有决定作用，对制度文明同样具有决定作用。正如恩格斯所指出的："每一时代的社会经济结构形成现实基础，每一个历史时期的由法的设施和政治设施以及宗教的、哲学的和其他的观念形式所构成的全部上层建筑，归根到底都应由这个基础来说明。"②

1. 物质文明是精神文明建设不可缺少的物质基础，离开物质文明，精神文明就成为无源之水

首先，物质文明对精神文明具有最终意义上的支配地位和决定作用。精神文明是在一定的物质文明的基础上并适应一定物质文明的需要而建立起来的。没有一定的物质文明，就没有一定的精神文明。因为物质文明属于社会的物质生活领域，精神文明属于社会的精神生活领域。而且，生产力状况是物质文明的重要内容，生产力对整个社会生活和社会历史发展具有最终意义上的支配地位和决定作用。

其次，物质文明为精神文明提供物质条件。马克思恩格斯指出，"我们首先应当确定一切人类生存的第一个前提，也就是一切历史的第

---

① 马克思，恩格斯. 马克思恩格斯选集：第2卷. 2版. 北京：人民出版社，1995：32.

② 马克思，恩格斯. 马克思恩格斯选集：第3卷. 2版. 北京：人民出版社，1995：365.

一个前提，这个前提是：人们为了能够'创造历史'，必须能够生活。但是为了生活，首先就需要吃喝住穿以及其他一些东西。因此第一个历史活动就是生产满足这些需要的资料，即生产物质生活本身"①。人类的精神生产不是纯粹与物质无关的活动，精神文明的发展需要一定的物质条件，这些物质条件正是物质文明提供的。例如，教育、科学、文学艺术、新闻出版、广播电视、体育卫生、图书馆、博物馆等各项科学文化事业发展的规模和程度，在很大程度要受到经济发展水平的制约。如果物质文明生活不丰富，经济不发达，科学文化事业的发展就要受到限制。

再次，物质文明为精神文明发展提供必要的实践经验、感性材料。离开了物质文明、物质生产和物质生活，精神生产、精神创造就成了无源之水、无本之木，也就谈不上加工提炼、总结概括。

最后，物质文明发展的要求是精神文明发展的动力。恩格斯指出："如果说，在中世纪的黑夜之后，科学以意想不到的力量一下子重新兴起，并且以神奇的速度发展起来，那末，我们要再次把这个奇迹归功于生产。"②"社会一旦有技术上的需要，这种需要就会比十所大学更能把科学推向前进。"③物质文明发展的需要不仅推动自然科学的发展，也推动社会科学的发展。

2．物质文明是制度文明的基础，对制度文明也起决定作用

首先，物质文明为社会制度文明运行提供物质基础与经济保障。制度功能的正常发挥必须以一定的物质条件为基础。例如，国家的正常运行需要庞大的物资、经费支持，体现国家政治强制力的军队、警察等国家机器，必须借助于一定的物质设施和物质条件。

其次，物质文明的发展决定着制度文明的发展。马克思指出，"在人们的生产力发展的一定状况下，就会有一定的交换［commerce］和消费形式。在生产、交换和消费发展的一定阶段上，就会有相应的社会制度"④。制度文明的每一步发展，归根到底要从物质文明发展中寻找

---

①　马克思，恩格斯．马克思恩格斯选集：第1卷．2版．北京：人民出版社，1995：78-79.

②　马克思，恩格斯．马克思恩格斯全集：第20卷．北京：人民出版社，1971：524.

③　马克思，恩格斯．马克思恩格斯选集：第4卷．2版．北京：人民出版社，1995：732.

④　同③532.

最终的根源。奴隶社会的制度文明，只能从超经济强制的经济基础中得到说明；以君主专制与宗法制度为代表的封建社会的制度文明，是以小农经济为其存在基础与土壤的；以民主共和制为代表的资本主义制度文明，是商品经济的必然产物；社会主义制度文明，则是公有制经济的反映与必然要求。

最后，物质文明的进步是公民进行政治参与的重要前提。人们只有首先解决衣、食、住、行等必需的物质生活资料，才能够从事政治、科学、艺术、教育等社会活动。物质文明发展水平越高，人们的物质生活水平就越高，人们受教育的程度也就相应地提高，人们才会有更多的时间、精力、物力进行政治参与活动，也才有更强烈的政治参与意识以及政治参与能力。

（二）精神文明是物质文明、制度文明的灵魂，因而是引导社会发展的精神动力

精神文明对于物质文明、制度文明而言，是一种强大的思想动力，它可以为物质文明和制度文明建设提供精神动力和智力支持，保证和引导物质文明、制度文明建设的方向。

1. 精神文明是引导物质文明的精神动力

首先，精神文明为物质文明建设提供智力支持。精神文明建设的另一个重要任务是教育科学文化建设，也就是要引导人们树立与社会主义市场经济相适应的新的价值观念。同时，将在全民族范围内普及和提高科学文化水平，发扬尊重科学、追求知识的精神，并在此基础上，建立高效率的社会生活秩序。用自然科学的新知识、新成果、新方法、新观念提高人们的智力，丰富人们的思想，这不但可以增强人们改造世界的能力，而且可以推动人们在改造生活方式的过程中改变自己的思维方式，从而进一步适应并推动社会主义现代化建设。

其次，精神文明对物质文明建设方向起着重要保证作用。物质文明本身没有阶级性，但它的发展方向要受社会制度的制约，受占社会统治地位的思想的指导。以马克思主义为指导的社会主义精神文明，能够为物质文明建设指明正确方向，并且能够认识和掌握物质文明建设的规律，使物质文明建设沿着正确的方向健康发展。

最后，精神文明状况影响物质文明建设的环境。物质文明建设需要

良好的社会环境，而和平安定的良好环境的形成离不开精神文明建设。精神文明建设搞好了，社会的政治环境、道德环境、治安状况才会好，物质生产才能顺利进行，人们才会有平静的日常生活。

2. 精神文明是引导制度文明的精神动力

精神文明作为人类活动的精神成果，既受物质文明决定与推动，同时又受制度文明的影响与制约。人类对自然科学的认识成果来自改造自然的实践，是物质文明的产物；人类对社会科学的认识成果则来自改造社会的实践，其中有相当一部分内容是社会制度文明发展在观念形态上的反映。精神文明一旦产生，不仅对物质文明具有积极的反作用，而且对制度文明具有积极的能动作用。

首先，先进的思想意识形态是制度文明变革的先导。制度文明进步的直接动力是社会政治改革与政治革命，但它的直接先导却是思想意识形态的变革。因为没有革命的理论，就没有革命的行动。社会经济基础的深层变革总是最先在人们的思想意识中反映出来，并以思想理论的形式强烈地表现出来，成为启蒙社会民众、动员社会政治力量、组织与指导政治革命的号角与思想武器。从这个意义上说，精神文明是制度文明变革与进步的"催生剂"。

其次，精神文明对制度文明具有积极的维护作用。一定的思想意识形态在经济基础上产生以后，不仅会积极维护其赖以存在的经济基础，同时会积极维护相应的政治上层建筑。它总是利用思想观念、社会思潮、学术理论、价值观念、社会舆论工具等形式，影响、引导、干预人们的政治信仰、法律思想、政治价值观、社会信念等，从而达到维护一定制度文明的目的。

最后，精神文明可以为制度文明的巩固与发展提供精神动力。精神文明通过思想道德建设，大力宣传与弘扬自强不息的民族精神，可以把全体社会成员团结在共同政治理想的旗帜之下，从而形成政治的凝聚力、感召力、向心力，形成强大的精神支柱。同时科学教育文化的发展和繁荣，可以为国家政治实力的增强提供强大的智力支持。

（三）制度文明对物质文明、精神文明，从而对社会发展的保障作用

制度文明可以通过一定合理的社会制度，更好地组织物质文明和精神文明的生产、供给、消费，为人们支配和享用文明成果提供制度保障。同时，它也为物质文明、精神文明的生产和再生产提供发展动力。

1. 制度文明对物质文明的保障作用

制度文明在一定的物质文明基础上产生以后，会能动地反作用于物质文明，对物质文明的发展起着积极的保障作用。

首先，制度文明对生产力的发展起保障作用。制度文明是一个历史性的范畴，总是处于不断运动之中，通过制度创新实践不断实现制度创新，从而解决生产力和生产关系、经济基础和上层建筑以及生产力和上层建筑之间的矛盾，从而保障生产力的发展。

其次，社会物质文明的发展离不开制度文明的保障和支持。国家管理运行效率的高低，也是衡量制度文明的一个重要方面。设置合理、体制科学、精干高效的政府治理，对社会经济的发展起着积极的促进作用；而机构重叠、人浮于事、职责交叉、效率低下、官僚主义盛行的政府治理，则会严重地限制社会生产力能量的释放，阻碍物质文明的发展。同时，也会阻碍人民群众的积极性、创造性的发挥，影响物质文明的发展。

最后，社会法制文明对物质文明发展具有推动与政治保障作用。建设法治国家、实行依法治国，是制度文明的重要内容，也是制度文明进步的重要标志。资产阶级民主制度文明的确立，使社会的政治治理开始走上法治的轨道，这是一个重大的历史进步。社会法制文明对物质文明发展具有重要的推动与政治保障作用。一个法制不健全的国家，不能为经济发展提供良好的社会环境，不能保护先进生产力效率的发挥，必然会阻碍经济繁荣与发展，阻碍物质文明的进步。而具有高度法制文明的国家，则可以保证社会稳定、人民安居乐业、经济活动有序，同时影响公民对统治的认同意识和信任程度，从而为物质文明的繁荣与发展创造安定团结的政治环境。

2. 制度文明对精神文明的保障作用

精神文明通常包含两个方面的内容，一是社会公众的教育科学文化水平，二是社会公众的思想道德状况。

首先，科学（自然科学、社会科学）与文化（人文思想、文学、艺术等）的繁荣离不开制度文明。科学史、文化史告诉我们，科学与文化虽都源于个人的精神创造，但它却同样需要一个前提：思想自由、言论出版自由、创作自由。自由是一种权利，它是需要宪法及诸多法律法规制度来保障的。在封闭的、专制的社会中，科学发现与文学艺术创作不但会失去不同的思想、不同风格的作品相互激发、碰撞、交流的机会，从而在某种程度上影响新思想、新作品产生的动力源泉，而且即使是产生了新思想、新作品，也会因缺乏出版自由而胎死腹中，难以得到传播和应用。

其次，制度文明对教育起着重要的保障作用。教育事业的发展速度、规模，在很大程度上受国家政策支持力度的影响。如果社会制度倾向对知识的渴望和对人才的尊重，人们投资教育、接受教育的积极性也就愈高，人们也就越希望能够尽可能地深造。反之，若制度安排允许并鼓励将知识分子打为"臭老九"，将"知识越多越反动"作为社会运行的基本原则，而中国交白卷的"造反派"却大受表扬的话，那整个社会的教育水平一落千丈也就是顺理成章的事了。

最后，制度文明对社会道德文明具有影响。文明的、正义的制度系统将保证一个社会的基本道德水平，而不文明的制度将注定道德说教的彻底失败。正如罗尔斯在《正义论》一书中所指出的：对有关制度的道德原则的选择，优先于对有关个人道德原则的选择。一个社会的基本制度对人们的影响不但深刻广泛而且自始至终，它决定着人们的生活前景，决定着行为的善恶与收益的相关度是正相关还是负相关。而绝大多数人都是趋利避害的，因此社会制度的正义、有效与否也就决定着人们对道德原则是遵从还是违背，从而决定了一个社会的道德状况。邓小平同志早就一针见血地指出："制度好可以使坏人无法任意横行，制度不好可以使好人无法充分做好事，甚至会走向反面。"①

物质文明体现社会的经济实力和富裕程度，离开物质文明，制度文明、精神文明将会失去得以存在的条件和载体。制度文明的发展程度关系社会的稳定、协调与健康发展的状况和进程，离开制度文明，精神文明会失去规范与保障，物质文明也会失去方向与支持。精神文明展示物质文明、制度文明的思想实质和精神风貌，离开精神文明，物质文明、政治文明将会失去引导与动力。三者相互促进，相互作用，共同推进社会文明的进程。

---

① 邓小平. 邓小平文选：第 2 卷. 2 版. 北京：人民出版社，1994：333.

第五章　创新实践与人民价值论

　　党的十九大报告指出："坚持以人民为中心。人民是历史的创造者，是决定党和国家前途命运的根本力量。必须坚持人民主体地位，坚持立党为公、执政为民，践行全心全意为人民服务的根本宗旨，把党的群众路线贯彻到治国理政全部活动之中，把人民对美好生活的向往作为奋斗目标，依靠人民创造历史伟业。"① 坚持"以人民为中心"，充分体现了当代中国共产党人的根本立场、价值旨向和责任担当，具有非常深刻的理论逻辑和政治价值。马克思主义的人民价值论正是基于伟大的共产主义运动的历史实践不断实现的。正如马克思和恩格斯在《德意志意识形态》中所指出的："实际上，而且对**实践的**唯物主义者即**共产主义者**来说，全部问题都在于使现存世界革命化，实际地反对并改变现存的事物。"② 可见，我们应该从革命性的创新实践的角度来理解共产主义和社会主义，"共产主义对我们来说不是应当确立的**状况**，不是现实应当与之相适应的**理想**。我们所称为共产主义的是那种消灭现存状况的**现实的运动**"③。马克思主义的人民价值论本质就是共产主义历史运动的创新实践价值论。

---

　　① 习近平. 决胜全面建成小康社会 夺取新时代中国特色社会主义伟大胜利：在中国共产党第十九次全国代表大会上的报告. 北京：人民出版社，2017：21.
　　② 马克思，恩格斯. 马克思恩格斯选集：第1卷. 2版. 北京：人民出版社，1995：75.
　　③ 同②87.

一、创新实践与马克思主义哲学革命

习近平在纪念马克思诞辰 200 周年大会上的讲话中指出："马克思主义是实践的理论，指引着人民改造世界的行动。马克思说，'全部社会生活在本质上是实践的'，'哲学家们只是用不同的方式解释世界，问题在于改变世界'。实践的观点、生活的观点是马克思主义认识论的基本观点，实践性是马克思主义理论区别于其他理论的显著特征。"① 实践性是马克思主义实现哲学革命的逻辑起点，也是马克思主义固有的理论品格，在实践基础上的理论创新，是保持马克思主义生命力的根本途径。在实践的基础上用发展的马克思主义指导新的实践，是我们在新的伟大斗争中赢得胜利的必然要求。

（一）实践的观点是马克思主义哲学首要的、基本的观点

哲学是在人类实践活动的基础上产生的，产生以后对实践也发生了反作用，即改变世界的作用。但马克思之前的哲学家们都是轻视实践、脱离实践的，哲学历来只是书斋里和学院里的东西，人们从来不知道哲学的实践意义，从来不把哲学自觉地用来指导自己的实践活动。马克思和恩格斯自称为"实践的唯物主义者"，以区别于脱离实践的、停留于理论的旧唯物主义者，因此，他们的哲学也可被称为"实践的唯物主义"。显然，实践性确实是马克思主义哲学区别于其他哲学的基本特点之一。

因此，马克思主义哲学不是远离社会生活和脱离社会实践的书斋理论，而是深深地植根于实践、服务于实践又在实践中不断发展的活生生的理论。它在指导无产阶级革命实践的过程中实现自己的历史使命，又在这种实践的过程中使自身不断经受检验，获得丰富和发展。也正是在这个意义上，马克思、恩格斯多次指出，他们的理论不是教条，而是行动的指南；对他们理论中一般原理的实际运用"随时随地都要以当时的历史条件为转移"②。马克思主义的这种实践性特点，从根本上决定了

---

① 习近平. 在纪念马克思诞辰 200 周年大会上的讲话. 人民日报，2018−05−05.
② 马克思，恩格斯. 马克思恩格斯选集：第 1 卷. 2 版. 北京：人民出版社，1995：248.

它与社会现实生活、与广大人民群众的社会实践以及与具体的时代条件的紧密联系，决定了它的不竭的创造活力和蓬勃生机。

（二）马克思主义哲学在实践范畴的基础上实现了哲学的革命

马克思主义哲学的革命性变革是基于对西方哲学传统的形而上学缺陷的扬弃。西方哲学起源于古希腊哲学对世界的二元分立以及非此即彼的思维方式，即二值逻辑的传统。根据柏拉图的理念论，整个世界被分为两个世界：经验世界和理念世界。经验世界是有限的世界和相对的世界。正是因为经验世界是一个有限的世界，经验世界的事物都是有限的存在，经验世界的事物都不可能脱离时间和空间而独立存在，也就是说经验世界的事物都必须在一定的有限时空中存在，因此都不可能不朽和永恒。可见，经验世界是一个感性的、变化的、不真实的世界，这是一个假象世界。而理念世界是一个无限世界和绝对世界，理念世界的事物可以脱离时间和空间而独立存在，因此，理念世界的事物都是不朽的和永恒的。可见，理念世界是一个超感性的、不变的、真实的世界，这是一个假象世界。这就造成了经验世界与理念世界、经验事实与理念价值、有限和无限、相对和绝对之间的矛盾。这个矛盾一直贯穿着马克思之前的整个西方哲学发展史。

他们根据二值逻辑的思维方式，在此岸的经验世界和彼岸的理念世界之间划了一个鸿沟，二者永远不能逾越。执着于此岸的哲学只承认经验，认为经验之外没有真理。执着于彼岸的哲学只承认理念，认为理念之外都是假象。这就导致了西方哲学史上两个相互对立的认识论流派：经验论和唯理论。西方二值逻辑的思维传统和其非此即彼的思维方式的优点在于，其执着于一个方面，要么执着于经验，要么执着于理念，因此，比较专一，沿着一个方面不断地深入下去，也就必然能够走向深刻。但是，正如《周易》所云："一阴一阳之谓道"，越是只是沿着一个方面不断深入下去，越是必然会导致另外一个后果，这就是片面。因此，西方逻辑必然会导致片面的深刻。一个片面于经验，另一个片面于理念。

事实和价值的矛盾在认识论范围内就成了二值逻辑自身根本无法解决的内在矛盾。笛卡儿和康德都试图解决这一问题，但是由于他们并没有找到能够沟通事实与价值之间的桥梁，最终走向了二元论。笛卡儿把世界划分为实体和心灵，但是如何解决二者之间的矛盾，最后不得不在实体和心灵之上搬出了上帝。康德看到了经验世界中有限与无限、自由与必然的矛盾，并把它们归结为人类认识活动无法解决的二律背反，最终希望通过实践解决上述矛盾。但康德的实践仅指道德实践，被分裂的现象界与物自体之间的矛盾仍然被搁置。马克思正是引入了作为感性活动的实践范畴，在事实和价值之间构建了一个彼此沟通的桥梁，从而在根本上解决了一直困扰西方哲学的难题，实现了哲学的革命。实践作为一种合规律性与合目的性相统一的人类社会活动，就是一个从此岸走向彼岸、从事实走向价值、从经验走向理念的主体性活动，是通过对"实有"的物质性否定走向对"应有"的物质性肯定的过程，其内在蕴含着马克思主义的科学性和价值性的统一，实现了"真"和"善"的实践性统一。

（三）实践性本质特点决定了马克思主义理论必须同实践相统一

脱离了实践的理论是空洞的理论，脱离了理论的实践是盲目的实践。理论是从实践中产生的，理论是否正确还要接受实践检验并要在实践中得到丰富和发展。同时，理论只有与实际紧密联系，才能发挥对实践的指导作用，实现自身的价值和意义。理论如果脱离了实际，就会成为僵化的教条，就会失去其活力与生命力。理论家如果脱离了社会实践，只是从书本上来、到书本上去，就会成为空洞的理论家，而不可能成为党和人民所要求的实际的理论家。党和人民希望我们的理论工作者能够对当今中国和世界的经济、政治、文化、社会等领域的重大问题给予科学的理论说明，能够提供解决问题的正确方案，真正成为理论联系实际的理论家。马克思主义为我们的革命、建设、改革和发展的实践指明了方向，但是并没有也不可能提供具体的解决我国现实问题的方案，因此，我们必须把马克思主义的一般原理和本国的具体实践相结合，不断把马克思主义中国化、时代化和大众化。我们不能把书本上的个别论断当作束缚自己思想和手脚的教条，而要适应国内外形势新变化、顺应人民新期待，大胆探索，勇于开拓，积极吸收和借鉴人类社会创造的一切文明成果，坚决破除一切妨碍科学发展的思想观念和体制机制弊端，在理论和实践相统一的基础上不断进行理论创新和实践创新，在理论创新和实践创新的互动中不断开辟中国特色社会主义事业新局面。

实践发展永无止境，认识真理永无止境，理论创新永无止境。党和人民的实践是不断前进的，指导这种实践的理论也要不断前进。正如习近平在纪念马克思诞辰 200 周年讲话中所指出的："理论的生命力在于不断创新，推动马克思主义不断发展是中国共产党人的神圣职责。我们要坚持用马克思主义观察时代、解读时代、引领时代，用鲜活丰富的当代中国实践来推动马克思主义发展，用宽广视野吸收人类创造的一切优秀文明成果，坚持在改革中守正出新、不断超越自己，在开放中博采众长、不断完善自己，不断深化对共产党执政规律、社会主义建设规律、人类社会发展规律的认识，不断开辟当代中国马克思主义、21 世纪马克思主义新境界！"①

二、马克思主义价值论的实践本质

不忘初心，方得始终。初心就是信仰，是根本的价值追求。中国共产党人的信仰是马克思主义。这个信仰要内化于心、外化于行，必须搞清楚两个基本问题：第一，信仰是什么？第二，马克思主义是什么？只有在此基础上，我们才可以真正把马克思主义信仰内化到灵魂深处、转化为现实的实践。

（一）信仰是对价值的最高追问

信仰的本质是价值问题，是对价值的最高追问。信仰从本质上来讲是思想认识问题。人们从两个方面认识世界：一是想搞清楚"是不是"的问题，这是事实判断；二是想搞清楚"该不该"的问题，这是价值判断。事实判断服从唯物论的原则，与人们的主观愿望没有关系，是按照客观标准和外在尺度认识的世界；价值判断则服从价值论的原则，对同一个事实，不同的人可能做出完全不同的价值判断，这是按照主观标准和内在尺度认识世界。事实判断旨在求真，价值判断旨在求善。

信仰属于价值判断，但是，并不是所有的价值判断都是信仰问题，

---

① 习近平. 在纪念马克思诞辰 200 周年大会上的讲话. 人民日报，2018-05-05.

信仰是对价值的最高追问。价值判断回答的是"该不该"的问题。所谓价值追问，就是对"该不该"或者"有没有意义"问题的追问。价值观就是怎么看"该"或者"不该"、"有意义"或者"没有意义"。如果对价值的追问超越了生命价值，就会上升为信仰。例如，什么是拜金主义的价值观？就是把金钱作为判断"该"或者"不该"的标准，认为有钱就该，没有钱就不该。但是如果把这样的价值追问达到这样的地步：为了钱就可以不活，即超越了生命价值，这就上升为对金钱的信仰。再如，什么是自由的价值观？就是把自由作为判断"该"或者"不该"的标准，凡是符合自由的就是该的，凡是不符合自由的就是不该的，但是如果把这样的价值追问达到这样的地步：不自由毋宁死，这就不是普通的自由价值观，而是对自由的信仰。

由此可见，为了信仰，是可以付出生命的。中国共产党人的入党誓词中说：随时准备为党和人民牺牲一切，永不叛党。这就是信仰的宣示。

（二）信仰具有理性和非理性的区别

信仰可以有很多种，但是总体上来说，根据追问价值通达信仰的不同方式，可以把信仰大致分为两类：理性的信仰和非理性的信仰。

人们认识世界分为两个方面，一个是事实判断，另一个是价值判断。事实问题是科学的范围，但是科学永远不能超越事实范围走向价值领域，也就是说，"是不是"的事实问题，永远不可能回答"该不该"的价值问题。价值问题是由人文来回答的，人文由艺术、宗教和哲学组成，它们都是回答价值问题的，但是它们回答价值问题的方式不同。艺术用感性直观的方式表达价值，宗教用非理性的方式回答价值问题，哲学则是为价值找到理性的依据。

信仰是对价值的最高追问。艺术没有自己独立的王国，不可能直接通达信仰，只能用来表达信仰。那么，通达信仰只有两条路可走，一个是宗教，另一个是哲学。这两种信仰所达到的价值追问高度，没有本质区别，为了宗教的信仰可以献身，基于哲学的信仰同样可以牺牲生命。它们的根本区别在于通达信仰的方式：宗教是以非理性的方式通达信仰，是因信而信；哲学是用理性的方式通达信仰，是因真而信。也就是说，信仰有两种：理性的信仰和非理性的信仰。

非理性的信仰是排斥理性的，它不需要理由，是"因信而信"。宗教都属于这样的信仰，一个宗教信仰，无论它的逻辑多么严密，但前提是经不起理性追问的。理性的信仰恰恰是以理性作为根基的，经过理性反思为真才信，是"因真而信"。马克思主义就是理性的信仰。

（三）马克思主义是科学的理性信仰

马克思主义的信仰是科学的信仰、理性的信仰。那么，这样的信仰为什么是科学的和理性的？这可以从它对终极关怀的理性回答中找到答案。

人的特性在于，虽然生存于有限，却要追问无限；虽然存在具有偶然性，却要追问必然；虽然生命是暂时的，却要追问永恒。这就是终极关怀。也就是说，人类会立足于有限追求无限，有限的是现实生活，无限的是价值追求。那么，怎么通过有限的生命来通达无限的意义和价值呢？

从理论上来讲，只有两种可能：第一，通过无限延长自己的生命来追求无限的意义和价值。这绝对不是一个理性主义者所能够给出的答案，因为有理性的人都知道，无论一个人的生命有多久，总有大限要来临的那一天。第二，理性主义者的方案，承认生命有限，不去无谓地追求生命无限，而是追求生命的高度，也就是在有限的生命中追求无限的意义和价值。在这样的情况下，生命的长短已经不具备根本意义了。如果一个人的生命是有意义和有价值的，即使是短暂的，也是灿烂的和值得的。

马克思沿着这个思路为共产党人找到了信仰。1835 年 8 月，马克思中学毕业写过一篇作文——《青年在选择职业时的考虑》。在这篇作文中，马克思用诗一样优美的语言，表达了崇高的人生价值追求："如果我们选择了最能为人类而工作的职业，那么，重担就不能把我们压倒，因为这是为大家作出的牺牲；那时我们所享受的就不是可怜的、有限的、自私的乐趣，我们的幸福将属于千百万人，我们的事业将悄然无声地存在下去，但是它会永远发挥作用，而面对我们的骨灰，高尚的人们将洒下热泪。"① 选择"最能为人类而工作"这样的职业，这样的人

---

① 马克思，恩格斯. 马克思恩格斯全集：第 1 卷. 2 版. 北京：人民出版社，1995：459-460.

生才有意义和价值。

马克思所倡导的价值追求到底是不是理性的和科学的？是不是值得信仰呢？让我们借用海德格尔的一个理念——"向死而在"，从生命的终极意义上来追问一下吧：生命的本质实际上是一个有限的过程，不要去追求那个最终的结果，因为最终的结果都是走向无限的虚无，即死亡。我们只有面对无限，才能思考和规划如何安排好自己有限的生命过程，才能反向思考我们今天该不该这样活。

假设要面对死亡了，我们回顾一下自己的一生，感到生命是有意义和有价值的，选择是无悔的，如果再重新度过一生的话，我们还会这么过。请问这个理由是什么？理由可以有很多，但是真正的理由绝不可能建立在世俗的基础之上，因为在这个时候，世俗的东西已经没有意义了。既然生命的本质是一个过程，那么，有意义的生命在于过程的精彩。什么样的生命过程才是精彩的呢？马克思告诉我们："尊严就是最能使人高尚起来、使他的活动和他的一切努力具有崇高品质的东西，就是使他无可非议、受到众人钦佩并高出于众人之上的东西。"① 也就是说，一个人应该有尊严地度过自己的一生，有尊严的生命才是值得的，才是精彩的，才是有意义和有价值的。对于没有尊严的生命过程而言，每一分钟的延续都是耻辱。什么样的生命过程才是有尊严的呢？马克思说因为生命得到了人们的尊重，达到了崇高。为什么会得到人们的尊重呢？马克思的回答是：因为"选择了最能为人类而工作"②。什么是主义呢？"主义"就是核心的价值追求。什么是马克思主义呢？就是把马克思主义的创始人马克思所倡导的、被共产党人所遵循的价值和灵魂，即造福人民和为绝大多数人谋福利，作为核心价值追求。如果为了这样的价值追求可以献出生命，那就是对马克思主义的信仰。这样的信仰是科学的、理性的信仰，具有崇高的生命价值追求。

（四）在实践中坚守马克思主义的价值追求

我们往往会在不同的层次上使用"马克思主义"这个概念。比如说，马克思主义分为三个组成部分，即马克思主义哲学、马克思主义政治经济学和科学社会主义，这里是指马克思主义理论体系。再比如说，

---

① 马克思，恩格斯. 马克思恩格斯全集：第 40 卷. 北京：人民出版社，1982：6.
② 马克思，恩格斯. 马克思恩格斯全集：第 1 卷. 2 版. 北京：人民出版社，1995：459.

我们从事的事业是伟大的事业，因为这是造福人民的马克思主义事业，这里是指马克思主义的运动和实践。还比如说，我们是坚定的马克思主义者，这里是指把这个主义当成信仰的人。

无论是马克思主义的理论体系、运动和实践，还是信仰马克思主义的人，都贯穿着一个灵魂，就是马克思主义的核心价值追求，这就是马克思主义的"道"。古人云："道不离器。"马克思主义的"道"，就在马克思主义的理论、运动和实践中。马克思主义的根本特点在于它的实践性，而不是空谈"主义"。离开马克思主义的理论、运动和实践，马克思主义只能是一个幽灵。所谓"大道之行也"，"道"是用来行的，不行就没有"道"。

马克思主义的"道"就在马克思主义的理论表达、运动实践中，就在每一个信仰马克思主义的人的身上。实现马克思主义这一价值追求，必须坚持社会主义道路。社会主义正是对资本逻辑的扬弃、对资本主义的拨乱反正。所谓社会主义，就是把社会的整体利益和理性价值作为核心价值追求。如果制度理念、制度安排和制度设计是围绕让社会整体利益得到有效满足而提供充分的制度保障，这样的制度就是社会主义制度，这样的社会就是社会主义社会，这样的文化就是社会主义文化。

马克思主义和社会主义的关系就是"道器不离"：马克思主义是灵魂，社会主义是载体；马克思主义是价值追求，社会主义是价值实现方式；马克思主义是"道"，社会主义是"器"。如果马克思主义离开了社会主义，就只能成为空想，只能成为空中楼阁；如果社会主义没有了马克思主义，就会丢魂，就会走邪路。

由此可以看出一个清晰的逻辑：马克思主义无论有多少个理论形态，它的"道"只有一个，而实现马克思主义价值追求，即"行道"的方式可以有很多，也就是说，社会主义的具体模式可以有多个。苏联解体和东欧剧变并不能说明社会主义的失败，更不能说明马克思主义的失败，只能说明苏联模式具体路径的失败。同样的道理，中国特色社会主义的成功，说明每个国家、每个民族可以而且必须根据自己的文化传统、历史条件、面对的课题和任务、人民的需要和要求，选择适合自己的造福人民的具体道路。中国特色社会主义道路本身也不是一成不变的，而是随着时代变化而不断完善和发展的。

中国特色社会主义就是实现造福人民的马克思主义价值追求的中国道路。新时代中国特色社会主义就是 21 世纪中国马克思主义的价值实现形态，就是造福人民的具体实践和现实运动。正是基于对中国特色社会主义的自信和价值认同，我们把全国十几亿人的力量凝聚起来，为中华民族伟大复兴的中国梦而共同奋斗，带领人民不断创造"中国奇迹"，不断创造美好生活。

三、社会主义本质的实践价值论规定

马克思主义的"道"，就在中国特色社会主义的"理"之中，就在中国特色社会主义伟大事业的现实实践中。对马克思主义的信仰，是我们共产党人必须坚守的精神家园，也是我们从革命到建设再到改革一路走来取得胜利的巨大力量源泉。对马克思主义的信仰在当代中国就集中体现为对中国特色社会主义的自信。习近平在纪念马克思诞辰 200 周年大会上的讲话中指出："马克思给我们留下的最有价值、最具影响力的精神财富，就是以他名字命名的科学理论——马克思主义。这一理论犹如壮丽的日出，照亮了人类探索历史规律和寻求自身解放的道路。"[1]马克思主义的伟大理论一经传入中国，就和中国人民争取民族独立、人民解放和实现国家富强、人民幸福的伟大实践相结合，创造了彪炳史册的"中国奇迹"。今天，对马克思最好的纪念就是坚守和践行马克思主义的"道"和社会主义的"理"，在不断开辟新时代中国特色社会主义伟大事业新局面中发展 21 世纪中国的马克思主义。

（一）坚持和发展马克思主义最要紧的是首先要搞清楚"什么是马克思主义"

坚定对马克思主义的信仰、用发展着的马克思主义指导新的实践，首先要搞清楚"什么是马克思主义"这一基本问题。只有搞清楚了"什么是马克思主义"，才能够辨别什么是真的马克思主义与什么是假的马克思主义，才能够明白在马克思主义中什么是核心的东西，永远不能

---

[1] 习近平. 在纪念马克思诞辰 200 周年大会上的讲话. 人民日报，2018-05-05.

丢，哪些东西是具体的结论，必须随着时代的发展不断与时俱进。

任何一个政治理论体系都由两个基本要素构成：一个是其价值，也就是它主张什么，追求什么，这决定着其本质和灵魂；另一个是其逻辑，也就是它如何论证和实现自己的价值，这决定着其特点和方法。马克思主义也不例外，它的价值就是追求人类解放，它的逻辑就是唯物辩证法，价值和逻辑共同统一于共产党人造福人民的伟大实践中。

让无产阶级摆脱奴役和压迫，成为这个世界的主人，是马克思主义的历史使命。正如恩格斯在 1880 年所说的："完成这一解放世界的事业，是现代无产阶级的历史使命。"① 这个使命就是让人民大众摆脱自然界、人类社会和思想的奴役和压迫，成为自由全面发展的人，这是马克思主义的基本价值追求。实现每个人的自由全面发展，是马克思主义一以贯之的最高理想、价值追求和逻辑起点。马克思主义理论就是关于无产阶级革命和人类解放的理论和纲领体系。

要想搞清楚"什么是马克思主义"这个问题，我们必须追根溯源，必须研究马克思到底是一个什么样的人，他为什么要创立这个主义，我们为什么要举这个旗帜。因为，我们的答案就在这个问题里面。

一谈到马克思，我们可能会觉得马克思是一个哲学家、思想家、理论家和政治家等等，甚至我们写任何文章都可以引用马克思的话。在这个问题上，恩格斯对马克思的一个评价值得我们重视和参考。1883 年 3 月 14 日下午两点三刻，马克思去世。1883 年 3 月 17 日，恩格斯在马克思墓前做了一个讲话，即《在马克思墓前的讲话》。在这个讲话中，恩格斯指出："马克思首先是一个革命家。他毕生的真正使命，就是以这种或那种方式参加推翻资本主义社会及其所建立的国家设施的事业，参加现代无产阶级的解放事业，正是**他**第一次使现代无产阶级意识到自身的地位和需要，意识到自身解放的条件。斗争是他的生命要素。很少有人像他那样满腔热情、坚韧不拔和卓有成效地进行斗争。"② 也正是在这个讲话中，恩格斯指出："正因为这样，所以马克思是当代最遭嫉恨和最受诬蔑的人。各国政府——无论专制政府或共和政府，都驱逐他；资产者——无论保守派或极端民主派，都竞相诽谤他，诅咒他。"③ 我们知道马克思完全没有必要做一个革命家。他的家庭背景非常好，他的

---

① 马克思，恩格斯. 马克思恩格斯选集：第 3 卷. 2 版. 北京：人民出版社，1995：760.
②③ 同①777.

父亲在当时是一位著名的律师，他的妻子燕妮是贵族，他本人 23 岁就获得了哲学博士学位，而他却义无反顾地选择了革命道路。马克思的一生穷困潦倒、颠沛流离，几个孩子先后夭折，生活极其艰辛和坎坷。马克思为什么要放弃优越的生活却选择了艰辛的革命道路？这个问题值得我们深入思考，因为只有把这个问题搞清楚了，才能够明白为什么许多共产党人离开富裕家庭而投身到革命的洪流中。这背后肯定有一个力量在支撑和推动着，这个力量非常强大，只能是信仰。这就是对马克思主义的信仰的力量。正如匈牙利诗人裴多菲 1847 年创作的一首短诗《自由与爱情》所表达的："生命诚可贵，爱情价更高，若为自由故，两者皆可抛。"

这个信仰就是由马克思所倡导的、被共产党人所坚守的那个灵魂：造福人民，为绝大多数人谋福利。马克思的思想曾经过多次转折，从黑格尔的忠实信徒（他自称是黑格尔的学生），到青年黑格尔派，到费尔巴哈革命民主主义，再到共产主义。但是，他的人生理想和价值追求一经确立，从来没有改变过。他的人生理想和价值追求在中学毕业的时候就已经基本确立。马克思生于 1818 年 5 月 5 日。1835 年 8 月，马克思中学毕业，那一年他 17 岁。马克思写了三篇作文，作为毕业论文。其中一篇作文《青年在选择职业时的考虑》是马克思中学考试中的一篇德语作文，这无疑是一份马克思立志的宣言书。在这篇作文中，马克思用诗一样优美的语言，慷慨激昂地表达了其十分崇高的人生理想："在选择职业时，我们应该遵循的主要指针是人类的幸福和我们自身的完美。"[1]"人们只有为同时代人的完美、为他们的幸福而工作，才能使自己也达到完美。如果一个人只为自己劳动，他也许能够成为著名学者、大哲人、卓越诗人，然而他永远不能成为完美无疵的伟大人物。"[2]"历史承认那些为共同目标劳动因而自己变得高尚的人是伟大人物；经验赞美那些为大多数人带来幸福的人是最幸福的人；宗教本身也教诲我们，人人敬仰的理想人物，就曾为人类牺牲了自己——有谁敢否定这类教诲呢？"[3]

"如果我们选择了最能为人类福利而劳动的职业，那么，重担就不能把我们压倒，因为这是为大家而献身；那时我们所感到的就不是可怜

---

[1][2][3]　马克思，恩格斯. 马克思恩格斯全集：第 40 卷. 北京：人民出版社，1982：7.

的、有限的、自私的乐趣，我们的幸福将属于千百万人，我们的事业将默默地、但是永恒发挥作用地存在下去，而面对我们的骨灰，高尚的人们将洒下热泪。"①

立志选择"最能为人类福利而劳动"这样的职业，马克思的远大志向是什么呢？这不正是我们共产党人一直坚守的"造福人民，为绝大多数人谋福利"这一核心价值观吗？在1848年2月发表的《共产党宣言》中，马克思、恩格斯把这一崇高理想正式表达为这么一段大家耳熟能详的名言："代替那存在着阶级和阶级对立的资产阶级旧社会的，将是这样一个联合体，在那里，每个人的自由发展是一切人的自由发展的条件。"② 为了人的自由、人的平等、人的解放，这就是马克思所追求的最高人生价值理想。但是，当时的社会现实是什么呢？恰恰是资本主义人的不自由、不平等、人与人之间剥削与被剥削的关系。实际上对资本主义制度及其不合理性的批判，并不是从马克思开始的。马克思之前很多思想家都批判过，例如我们所熟悉的科学社会主义者欧文、傅立叶、圣西门等等，他们的批判从一定意义上说比马克思的批判有过之而无不及。但是，他们仅仅是从理论上批判而已，只是从感情上去控诉现实而已，并没有找到解决问题的现实路径。正如马克思在1845年春《关于费尔巴哈的提纲》中所指出的："哲学家们只是用不同的方式**解释**世界，而问题在于**改变**世界。"③ 也就是说，他们只是深刻揭露了资本主义的罪恶，对未来的理想社会提出许多美妙的天才设想，企图克服资本主义的弊端，建立"人人平等，个个幸福"的新社会。他们有很好的想法和愿望，但是，仅此而已，并没有找到解决问题的现实路径和办法，因此，只能是空想。正如马克思、恩格斯在《德意志意识形态》中所指出的："对**实践**的唯物主义者即**共产主义者**来说，全部问题都在于使现存世界革命化，实际地反对并改变现存的事物。"④ 马克思、恩格斯指出，无产阶级必须拿起革命的武器，打破一个旧世界，建立一个新世界，在那里面没有剥削，没有压迫，是一个自由人的联合体，这就是共产主义社会。这一思想就集中体现和表达在《共产党宣言》中。

---

① 马克思，恩格斯. 马克思恩格斯全集：第40卷. 北京：人民出版社，1982：7.
② 马克思，恩格斯. 共产党宣言. 北京：人民出版社，2014：51.
③ 马克思，恩格斯. 马克思恩格斯选集：第1卷. 2版. 北京：人民出版社，1995：61.
④ 同③75.

毋庸置疑，《共产党宣言》是一篇非常光辉的政治纲领性文献，标志着马克思主义的诞生。实际上，还是一篇非常优美的文学艺术作品。《共产党宣言》一开头就用优美的语言、平等的态度抓住读者的眼球，让人爱不释手，"一个幽灵，共产主义的幽灵，在欧洲游荡。为了对这个幽灵进行神圣的围剿，旧欧洲的一切势力，教皇和沙皇、梅特涅和基佐、法国的激进派和德国的警察，都联合起来了"①。语言多么优美，多么具有感染力啊！《共产党宣言》的每一个结论，都不是强加给人的，而是在字里行间自然走出来的，读者读着读着自己就会得出这样的结论，这完全是逻辑的力量。《共产党宣言》对资本主义制度进行批判，但是并没有对资本主义进行攻击和谩骂，恰恰相反，它对资本主义制度的历史合理性进行了充分肯定，在充分肯定的基础上，却得出了彻底否定的结论。这就是辩证法的逻辑。对于辩证法的实质，马克思在《资本论》第一卷第二版的跋文里面做出了非常经典而深刻的论述："辩证法，在其合理形态上，引起资产阶级及其夸夸其谈的代言人的恼怒和恐怖，因为辩证法在对现存事物的肯定的理解中同时包含对现存事物的否定的理解，即对现存事物的必然灭亡的理解；辩证法对每一种既成的形式都是从不断的运动中，因而也是从它的暂时性方面去理解；辩证法不崇拜任何东西，按其本质来说，它是批判的和革命的。"②

《共产党宣言》第一章《资产者和无产者》一开始就对资本主义及其繁荣的景象进行了绘声绘色的描绘："资产阶级在历史上曾经起过非常革命的作用。"③"资产阶级在它的不到一百年的阶级统治中所创造的生产力，比过去一切世代创造的全部生产力还要多，还要大。自然力的征服，机器的采用，化学在工业和农业中的应用，轮船的行驶，铁路的通行，电报的使用，整个整个大陆的开垦，河川的通航，仿佛用法术从地下呼唤出来的大量人口——过去哪一个世纪料想到在社会劳动里蕴藏有这样的生产力呢？"④ 正是因为资本主义创造了如此巨大的生产力，资本主义和资产阶级对历史才做出了突出贡献。这是它的伟大之处，也恰

①　马克思，恩格斯. 共产党宣言. 北京：人民出版社，2014：26.

②　马克思，恩格斯. 马克思恩格斯选集：第2卷. 2版. 北京：人民出版社，1995：112.

③　同①30.

④　同①32.

恰成为它要退出历史舞台的理由。正如《共产党宣言》所指出的："资产阶级用来推翻封建制度的武器，现在却对准资产阶级自己了。"① "资产阶级赖以形成的生产资料和交换手段，是在封建社会里造成的。在这些生产资料和交换手段发展的一定阶段上，封建社会的生产和交换在其中进行的关系，封建的农业和工场手工业组织，一句话，封建的所有制关系，就不再适应已经发展的生产力了。这种关系已经在阻碍生产而不是促进生产了。它变成了束缚生产的桎梏。它必须被炸毁，它已经被炸毁了。"② 而现在资本主义也面临着同样的命运。"现在，我们眼前又进行着类似的运动。资产阶级的生产关系和交换关系，资产阶级的所有制关系，这个曾经仿佛用法术创造了如此庞大的生产资料和交换手段的现代资产阶级社会，现在像一个魔法师一样不能再支配自己用法术呼唤出来的魔鬼了。"③ "只要指出在周期性的重复中越来越危及整个资产阶级社会生存的商业危机就够了。"④ "资产阶级的关系已经太狭窄了，再容纳不了它本身所造成的财富了。"⑤ 资本主义和资产阶级应该灭亡了，必然会灭亡，"资产阶级的灭亡和无产阶级的胜利是同样不可避免的"⑥。但是，这并不意味着它会自己灭亡。在《共产党宣言》最后，马克思、恩格斯在科学论证的基础上，得出了这样的结论，提供了这样的方案，发出了这样的号召："共产党人不屑于隐瞒自己的观点和意图。他们公开宣布：他们的目的只有用暴力推翻全部现存的社会制度才能达到。让统治阶级在共产主义革命面前发抖吧。无产者在这个革命中失去的只是锁链。他们获得的将是整个世界。全世界无产者，联合起来！"⑦

全世界无产者联合起来，干什么？不就是用暴力推翻全部现存的社会制度吗！可见，马克思是一个革命家，他的理论是革命的理论，他的实践是革命的活动，这个完全正确。但是，我们的问题是，马克思为什么要宣传革命，为什么要投身革命，为什么要做一个革命家，革命在马克思那里是目的还是手段？很显然，革命只不过是手段。那么，目的是

① 马克思，恩格斯. 共产党宣言. 北京：人民出版社，2014：34.

② 同①32-33.

③④⑤ 同①33.

⑥ 同①40.

⑦ 同①65-66.

什么呢?《共产党宣言》说得非常清楚:"过去的一切运动都是少数人的,或者为少数人谋利益的运动。无产阶级的运动是绝大多数人的,为绝大多数人谋利益的独立的运动。无产阶级,现今社会的最下层,如果不炸毁构成官方社会的整个上层,就不能抬起头来,挺起胸来。"① 革命的目的归根结底在于大多数人的解放、自由,以及为大多数人谋福利。

我们经常这么讲,马克思列宁主义、毛泽东思想、邓小平理论、"三个代表"重要思想和科学发展观,以及习近平新时代中国特色社会主义思想是一脉相承而又与时俱进的。那么,这个一脉相承的"脉"到底是什么?这就是马克思主义的根本价值追求:造福人民,为绝大多数人谋福利。

什么是主义呢?我认为,"主义"就是核心的价值追求。比如集体主义,就是把集体利益作为核心价值追求,一切以集体利益为中心,为了集体利益可以牺牲个人利益,认为这是理所当然,在所不惜。再如,自私自利的个人主义,就是把个人利益作为核心价值追求,把个人利益作为评判是非取舍的根本标准,一切以个人利益为中心,任何情况下都不能损害个人利益,为了个人利益甚至可以损公肥私、损人利己,认为这是理所当然、天经地义。什么是马克思主义呢?就是把马克思主义的创始人马克思所倡导的、被共产党人所遵循的价值和灵魂,即造福人民和为绝大多数人谋福利。

毛泽东思想为什么是马克思主义?因为在毛泽东思想的指导下,我们团结带领全国各族人民,推翻了三座大山的压迫,建立了新中国,实现了人民的解放。"打土豪、分田地",就是"绝大多数人为了绝大多数人"的运动。它回答了一个重要的时代课题,即我们革命是为了什么?革命是为了更好地造福人民、为人民谋福利,坚守了马克思主义的核心价值追求。邓小平理论为什么是马克思主义?因为它把"三个有利于"作为评价一切改革成败得失的根本标准,最终落实到是否有利于人民生活水平的提高。它回答了一个重大的时代课题,即改革是为了什么?改革是为了更好地造福人民、为人民谋福利,坚守了马克思主义的核心价值追求。"三个代表"重要思想为什么是马克思主义?因为它提出要把

① 马克思,恩格斯. 共产党宣言. 北京:人民出版社,2014:39.

我们党建设成"三个代表"，最终是要代表中国最广大人民的根本利益。它回答了一个重大的时代课题，即党的建设是为了什么？党的建设是为了更好地造福人民、为人民谋福利，坚守了马克思主义的核心价值追求。科学发展观为什么是马克思主义？因为科学发展观的核心是以人为本，也就是"发展为了人民、发展依靠人民、发展成果由人民共享"①。它回答了一个重大的时代课题，即发展是为了什么？发展是为了更好地造福人民、为人民谋福利，坚守了马克思主义的核心价值追求。十八大以来，以习近平同志为核心的党中央秉承人民至上的治国理政的核心理念，视之为党和人民事业不断发展的根本灵魂。2012 年 11 月 15 日，从十八届中央政治局常委同中外记者见面时开始，习近平就在不同场合不断地阐述必须坚持以人民为中心的发展思想。"人民对美好生活的向往，就是我们的奋斗目标。"②"中国梦归根到底是人民的梦，必须紧紧依靠人民来实现，必须不断为人民造福。"③"在前进道路上，我们一定要坚持从维护最广大人民根本利益的高度，多谋民生之利，多解民生之忧，在学有所教、劳有所得、病有所医、老有所养、住有所居上持续取得新进展。"④ 习近平新时代中国特色社会主义思想回答了一个重大的时代课题，即我们党改革和发展是为什么？就是要带领人民创造幸福生活，顺应人民群众对美好生活的向往，坚持以人民为中心的发展思想，始终坚持人民的主体地位，更好地造福人民、为绝大多数人谋福利，坚守了马克思主义的核心价值追求。

（二）坚持马克思主义必须坚持唯物辩证法的实践逻辑

那么，马克思主义是如何论证和实现这样的价值追求的呢？就是遵循唯物辩证法的基本逻辑，把马克思主义的唯物论、辩证法和价值论统一到人类解放的实践论中。什么是唯物论？就是按照客观事物的本来面目看待客观事物，实事求是，一切从实际出发，避免主观主义。什么是辩证法？马克思在《资本论》第一卷第二版跋中指出，"辩证法，在其合理形态上，引起资产阶级及其空论主义的代言人的恼怒和恐怖，因为

---

① 胡锦涛. 在孙中山先生诞辰 140 周年纪念大会上的讲话. 北京：人民出版社，2006：6.
② 习近平. 习近平谈治国理政. 北京：外文出版社，2014：4.
③ 同②40.
④ 习近平. 全面贯彻落实党的十八大精神要突出抓好六个方面工作. 求是，2013（1）.

辩证法在对现存事物的肯定的理解中同时包含对现存事物的否定的理解，即对现存事物的必然灭亡的理解"①。也就是说，在辩证法看来，任何客观事物都处于不断的运动变化之中，世界上根本不存在一成不变的客观事物。既然客观事物都在运动变化之中，根据唯物论，要按照客观事物的本来面目来看待客观事物，就必须随着客观事物的不断变化修正和改变原有的、与已经变化了的客观事物不相符合的旧的认识，这就是实事求是。从这个意义上来说，唯物论就是辩证法，辩证法就是唯物论，二者不能割裂。马克思主义的唯物论是辩证唯物论，马克思主义的辩证法是唯物辩证法。按照唯物辩证法认识世界就是具体问题具体分析，按照唯物辩证法改造世界就是按照辩证法办事。共产党人实现人类解放这一崇高价值，必须坚持唯物辩证法认识世界和改造世界，避免主观主义和教条主义，不能拘泥于具体的结论和固定的策略。我们坚持和发展马克思主义永远不能丢的就是其实现人类解放的根本价值以及唯物辩证法的科学方法和基本态度，其他的具体结论和做法都可以而且必须随着时代的变化而变化。

坚持和发展马克思主义，最重要的一条是要搞清楚"什么是社会主义"。这就必须坚持唯物辩证法的实践论观点来理解和看待社会主义的本质。1985年4月15日，邓小平同志指出："我们马克思主义者过去闹革命，就是为社会主义、共产主义崇高理想而奋斗。现在我们搞经济改革，仍然要坚持社会主义道路，坚持共产主义的远大理想，年轻一代尤其要懂得这一点。但问题是什么是社会主义，如何建设社会主义。我们的经验教训有许多条，最重要的一条，就是要搞清楚这个问题。"②他多次把什么是马克思主义和什么是社会主义这两个问题相提并论，1984年6月30日他说："什么叫社会主义，什么叫马克思主义？我们过去对这个问题的认识不是完全清醒的。"③1989年5月，邓小平同志指出："多年来，存在一个对马克思主义、社会主义的理解问题。"④

邓小平同志为什么多次把这两个问题相提并论？在他看来，什么是马克思主义和什么是社会主义本来就不是两个问题，而是一个问题的两

① 马克思. 资本论：第1卷. 北京：人民出版社，2004：22.
② 邓小平. 邓小平文选：第3卷. 北京：人民出版社，1993：116.
③ 同②63.
④ 同②291.

个方面。马克思主义的"道"和社会主义的"理"本来就是一个"道理",就是在共产主义运动和实践中实现人类解放。马克思主义无论有多少个理论形态,它的"道"只有一个,而实现马克思主义价值追求,即"行道"的方式可以有很多,也就是说社会主义的具体模式可以有多个。苏联解体和东欧剧变并不能说明社会主义的失败,更不能说明马克思主义的失败,只能说明作为苏联模式具体路径的失败。同样的道理,中国特色社会主义的成功,并不能说明我们的具体做法是放之四海而皆准的唯一正确的模式,只能说明每个国家、每个民族可以而且必须根据自己的文化传统、历史条件、面对的课题和任务、人民的需要和要求,选择适合自己的造福人民的具体道路。中国特色社会主义道路本身也不是一成不变的,而是随着时代转换而不断完善和发展的。

(三)新时代中国特色社会主义就是 21 世纪中国马克思主义的价值实现形态

邓小平同志的社会主义本质论是从存在论和实践论意义上理解的:"社会主义的本质,是解放生产力,发展生产力,消灭剥削,消除两极分化,最终达到共同富裕。"① "解放生产力,发展生产力"主要是针对离开生产力抽象谈论社会主义这种历史唯心主义而谈的。"消灭剥削,消除两极分化"是针对资本的逻辑和市场的缺陷而谈的。一个是生产力标准,一个是生产关系标准。一个是服从效率原则,一个是服从公平正义原则。

这个理解是非常深刻的。马克思在《1844 年经济学哲学手稿》中描述了未来的共产主义,"共产主义,作为完成了的自然主义,等于人道主义,而作为完成了的人道主义,等于自然主义,它是人和自然界之间、人和人之间的矛盾的**真正解决**"②。这里提到三个主义,即共产主义、自然主义和人道主义。完成了的自然主义着眼于解决人和自然之间的矛盾,就要发展生产力。完成了的人道主义着眼于解决人和人之间的矛盾,就要追求公平正义。二者的有机统一就是共产主义。

习近平曾经把二者形象地比喻成"做大蛋糕"和"分好蛋糕"。二者在对立面中达到统一,不能离开一个方面去认识和把握另一个方面。

---

① 邓小平. 邓小平文选:第 3 卷. 北京:人民出版社,1993:373.
② 马克思,恩格斯. 马克思恩格斯全集:第 42 卷. 北京:人民出版社,1979:120.

如果不把蛋糕做大，就没有蛋糕可分，也就无所谓公平正义。如果不把蛋糕分好，就会影响做蛋糕的积极性，也就没有蛋糕可分。但是，我们的任务不是仅仅做蛋糕和分蛋糕，而是让人民群众吃好蛋糕，这就是邓小平同志说的，"最终达到共同富裕"。

中国特色社会主义就是实现造福人民的马克思主义价值追求的中国道路。正如习近平所指出的："中国特色社会主义是不是好，要看事实，要看中国人民的判断，而不是看那些戴着有色眼镜的人的主观臆断。中国共产党人和中国人民完全有信心为人类对更好社会制度的探索提供中国方案。"① 正是基于对中国特色社会主义的自信和价值认同，我们把全国十几亿人的力量凝聚起来，为中华民族伟大复兴的中国梦而共同奋斗，不断创造着"中国奇迹"。

---

① 习近平. 习近平谈治国理政：第 2 卷. 北京：外文出版社，2017：37.

第六章　创新实践与发展本质论

　　什么是发展？从哲学意义上讲，发展的本质是一种前进的上升的运动和变化，即事物从简单到复杂、从低级到高级的质的变化和飞跃。在不同的具体科学中，发展又有着不同的具体含义。在发展理论中，"发展"本质上是指一个国家或地区由相对落后的不发达状态向相对先进的发达状态的过渡和转变，或者由发达状态向更加发达状态的过渡和转变，其内容包括经济、政治、社会、科技、文化、教育以及人自身等多方面的发展，是一个动态的、全面的社会进步过程。创新实践是相对于常规实践而言的，是指对事物本身所固有的属性、关系和规律有了新的认识和新的发现，并在这些新认识和新发现的基础上运用新的规律、采用新的方法更加有效地认识世界和改造世界的人类社会实践活动。创新实践不仅创造了人本身，从而开启了人类社会的历史进程，而且还是推动人自身及人类社会不断发展的深层本源动力。发展和创新实践在本质上是统一的，创新实践不仅是解决发展问题的根本途径，也是理解传统发展本质革命性变革的逻辑起点，还深刻揭示了科学发展的本质。

一、发展和创新实践本质上是统一的

　　创新实践是人类在认识客观事物辩证本性的基础上，主动地运用事物本身所蕴含的客观辩证法进行积极创造性实践的过程，其实质是客观辩证法的主体运用；发展本质上是一个客观事物辩证本性外化的过程，是客观辩证法的实质内容和必然结果。发展的实质是新事物的产生和旧事物的灭亡，这本质上是一个扬弃的过程；创新实践是一种创造性的破坏过程，这本质上也是一个扬弃的过程。创新实践所实现的不仅是一种变化，而且是一种具有价值负荷的前进的变化；发展是一种变化，而且是前进的、上升的变化和运动，二者遵循统一的价值评价标准。因此，发展和创新实践本质上是统一的。

（一）发展和创新实践都是辩证法的本质体现

在辩证法看来，世界上的一切事物都不是一成不变的，而是处于不断的运动和变化过程之中，世界不过是过程的集合体而已。正如恩格斯在《路德维希·费尔巴哈和德国古典哲学的终结》中所指出的那样，"这种辩证哲学推翻了一切关于最终的绝对真理和与之相应的绝对的人类状态的观念。在它面前，不存在任何最终的东西、绝对的东西、神圣的东西；它指出所有一切事物的暂时性；在它面前，除了生成和灭亡的不断过程、无止境地由低级上升到高级的不断过程，什么都不存在。它本身就是这个过程在思维着的头脑中的反映。"[①] 这种客观事物不断由低级到高级的运动变化过程，尤其是新事物的不断生成和旧事物的不断灭亡的质变过程，实质上就是发展的过程，这就是客观事物本身所具有的辩证法，即客观辩证法。客观事物本身所固有的辩证本性和客观规律，通过实践主体的主观反映和正确认识，就形成了主观辩证法。实践主体把这种客观辩证法基础上形成的主观辩证法，根据人类的现实需要和客观实际，把主体尺度和客体尺度、内在尺度和外在尺度、合规律性和合目的性、工具理性价值理性相统一，创造性地提出了改变现存事物的新思想、新方法并付诸现实实践，从而创造出新事物，这就是创新实践。可见，创新实践就是实践主体在遵循辩证法基本规律的基础上，所进行的一种自觉的、能动的、主体性创造活动，其结果体现为一种发展现象，即新事物的产生和旧事物的灭亡。从这个意义上说，辩证法蕴含的这种不断运动变化的规律，也就是发展规律，构成了创新实践的哲学基础，发展和创新实践都是辩证法的本质体现。

---

① 马克思，恩格斯. 马克思恩格斯文集：第 4 卷. 北京：人民出版社，2009：270.

（二）发展和创新实践实质上都是扬弃过程

辩证法最根本的特征就是批判性和革命性。正如马克思在《资本论》第一卷第二版的跋文中所指出的那样："辩证法，在其合理形态上，引起资产阶级及其空论主义的代言人的恼怒和恐怖，因为辩证法在对现存事物的肯定的理解中同时包含对现存事物的否定的理解，即对现存事物的必然灭亡的理解；辩证法对每一种既成的形式都是从不断的运动中，因而也是从它的暂时性方面去理解；辩证法不崇拜任何东西，按其本质来说，它是批判的和革命的。"① 辩证法这种批判的和革命的本质，彻底颠覆了事物一成不变的形而上学观念，认为任何现存的事物都是暂时的，都是必然要灭亡的。也就是说，在唯物辩证法看来，世界上根本不存在永恒的东西，无论是人们的认识还是客观事物，都不可能在一个终极的理想状态中不再变化，而是处于不断的运动变化过程之中，存在于不断的生成和灭亡的过程之中。因此，实践无止境，发展无止境，创新也就无止境。正如毛泽东所指出的那样："人类的历史，就是一个不断地从必然王国向自由王国发展的历史。这个历史永远不会完结。在有阶级存在的社会内，阶级斗争不会完结。在无阶级存在的社会内，新与旧、正确与错误之间的斗争永远不会完结。在生产斗争和科学实验范围内，人类总是不断发展的，自然界也总是不断发展的，永远不会停止在一个水平上。因此，人类总得不断地总结经验，有所发现，有所发明，有所创造，有所前进。"② 有所发现，有所发明，有所创造，有所前进，就必须要不断地进行创新实践。创新实践是对现有实践方式和客观现实的超越，但它并不是无中生有、凭空产生的，而是在现实基础上创造的过程，是在继承基础上的革命性的批判过程，这本身就是一个扬弃的过程。而发展的实质就是新事物的产生和旧事物的灭亡，是对旧事物批判性的继承，这也是一个扬弃的过程。

（三）发展和创新实践遵循统一的价值评价标准

正如前面所指出的，发展和创新实践都具有价值负荷，都旨向在现有基础上的进步和超越，因此，发展和创新实践也遵循统一的价值评价

---

① 马克思，恩格斯. 马克思恩格斯文集：第 5 卷. 北京：人民出版社，2009：22.

② 毛泽东. 毛泽东文集：第 8 卷. 北京：中央文献出版社，1999：325.

标准。虽然发展和创新实践所涉及的领域非常广泛，例如，经济因素、文化因素、制度因素、人的因素等，但是二者的价值旨向和评价标准都具有内在的一致性。从经济方面来看，发展不仅仅是量的增长，其最重要的是经济结构的变化，是一种质的飞跃，而创新实践正是通过采用一种新的技术，建立一种新的组织形式，开辟一个新的市场，"不断地从内部使这个经济结构革命化，不断地破坏旧结构，不断地创造新结构"①。从这个意义来说，发展和创新实践遵循统一的价值评价标准。从文化方面来看，文化的本质在于创新，文化的生命在于创新，离开了创新实践，文化就成了无源之水，如果文化故步自封，不能够发展和进步，也就失去了文化的本质意义，从这个意义来说，创新实践和发展遵循统一的价值评价标准。从制度方面来看，发展是一个制度变迁的过程，这实际上就是一个通过创新实践不断实现制度创新的过程，从而实现制度的完善和进步，二者服从统一的价值评判标准。从环境方面来看，发展是一个可持续的过程，是实现人与自然的真正的和解，而和解的基础并不是简单地压抑人的欲望和需求，而是通过创新实践不断开辟新的资源和新的资源利用方式而实现的，从这个意义来说二者遵循统一的价值评价标准。从人的因素来看，发展本质上也是人的解放过程，是人的潜能不断充分发挥的过程，而创新实践正是人的主体性、创造性和自主性不断得以展示和外化的过程，也是人得以不断解放的过程，二者遵循统一的价值评价标准。可见，无论从哪个方面来看，发展和创新实践都遵循着统一的价值评价标准。

从一定意义上来说，发展和创新实践具有内在的本质的一致性，一方面，创新实践是实现发展的必由之路；另一方面，发展也是创新实践的必然结果。创新实践和发展是相辅相成、互为因果的系统发育过程，人们正是在不断的创新实践中实现着自身的发展、社会的发展以及历史的进步，人们也正是在不断的发展进步过程中不断地发展着自己的创新实践能力。

二、创新实践是解决发展问题的根本途径

发展问题表现形式多种多样，例如人与自然关系的紧张、贫富差距

---

① 熊彼特. 资本主义、社会主义和民主主义. 北京：商务印书馆，1979：147.

过大、经济社会发展失衡、社会政治动荡等，但就其实质而言都是人类不断增长的需要与现实资源的稀缺性之间的矛盾的外化。对于人来说，需要就是其本性，是人的本质的表征，需要的丰富性就表征着人的发展的自由全面性，需要的局限性就表征着人的自由发展的片面性，没有了需要也就表征着生命的终结，这正如马克思所说的，**"需要即他们的本性"**①。从这个意义上来说，人的一切活动都是为了满足自身的需要而展开的，发展的本质就是不断增长的人类需要得到满足的过程。因此，我们解决发展问题，不可能通过片面地压抑和控制人类的需要这样的方式来实现，而只能通过不断创造和提供新的资源以满足不断增长着的人类需要的路径来实现，这种解决发展问题的根本途径就是创新实践。

首先，人作为一种生命有机体的存在，必须满足自己不断增长的自然的物质需要，而解决人的不断增长的需要和有限的自然供给之间的矛盾的根本途径就是创新实践。这一点也正如马克思所指出的那样："任何人类历史的第一个前提无疑是有生命的个人的存在，因此第一个需要确定的具体事实就是这些个人的肉体组织，以及受肉体组织制约的他们与自然界的关系。"②"象野蛮人为了满足自己的需要，为了维持和再生产自己的生命，必须与自然进行斗争一样，文明人也必须这样做；而且在一切社会形态中，在一切可能的生产方式中，他都必须这样做。"③动物的需要是出于本能的，它们和自然界直接相统一，通过直接消灭对象的方式来满足自己的需要。人和动物不同，人的活动是远远超越于动物式的本能的，自然不可能自动满足人类无限复杂和不断发展着的需要，因此，人类必须通过对象性的活动，即社会实践来改变自然以满足自己不断发展着的需要。正如列宁在《哲学笔记》中所说的，"世界不会满足人，人决心以自己的行动来改变世界。"④ 对于人的不断发展着的自然需要，自然界不可能自动满足，当旧的实践方式也不足以满足人的需要的时候，就只能通过创新实践开辟新的实践方式，改变自然，让其以人类需要的方式存在。

其次，人作为一种社会性的存在，具有社会交往的需要，不断发展

---

① 马克思，恩格斯. 马克思恩格斯全集：第3卷. 北京：人民出版社，1960：514.
② 同①23.
③ 马克思，恩格斯. 马克思恩格斯全集：第25卷. 北京：人民出版社，1974：926.
④ 列宁. 列宁全集：第55卷. 2版. 北京：人民出版社，1990：183.

着的社会交往实践必然就有了新的制度供给的需求，当旧的社会交往方式不能满足人的需要的时候，解决这个矛盾的根本途径就是创新实践。人作为一种社会性的存在，必须进行社会交往实践，借以实现人的社会本质。人的社会交往实践并不是杂乱无章的，而是建立在一定的交往规则基础之上的。这些交往规则就是所谓的"制度"。社会交往实践越丰富，社会交往规则也就越复杂。如果已有的行为规范、社会结构、交往规则不能满足人们日益丰富的社会交往实践需要，甚至已经成为社会交往实践正常进行的羁绊和障碍了，那么制度变迁的客观需要也就摆在了人们面前。通过制度创新实践进行制度创新，不断完善已有制度和不断创设新的制度，是满足人们不断发展着的社会交往实践需要的根本途径。

最后，人作为一种精神生命存在，具有不断发展着的精神需要，解决既有的精神资源和人不断增长的精神需要之间客观矛盾的根本途径就是创新实践。这种精神需要既包括精神创造的需要，也包括精神消费的需要。一方面，人作为一种精神存在，天然具有消费精神产品的客观需要，正是在这种精神需要的驱动下，人们不断进行着精神创新实践，以满足不断丰富和发展着的精神需要。另一方面，人们天生又具有精神创造的需要和本性，例如对于未知世界的积极探索和思考、对于艺术创造的欲望和兴趣，推动着人类不断进行精神创新实践。正如亚里士多德所说的："求知是人类的本性。"德谟克利特也说过："宁可找到一个因果的解释，不愿获得一个波斯王位。"正是在这种精神消费和精神创造的过程中，人们不断进行着创新实践，以满足人作为一种精神存在而具有的无限发展着和丰富着的精神需要。

人的需要不是固定不变的，而是不断丰富和无限发展着的。当旧的需要得到满足之后，新的需要就会产生，当低级需要得到满足之后，更高级的需要就会产生，甚至这个需要还没有满足，另外的需要又产生了。正如马克思所指出的，"已经得到满足的第一个需要本身、满足需要的活动和已经获得的为满足需要而用的工具又引起新的需要"①。也就是说，人的需要通过实践活动得到满足，在实践过程中又不断生成新的需要，就需要新的实践方式来满足，这是一个永无完结的过程。解决

---

① 马克思，恩格斯. 马克思恩格斯选集：第1卷. 2版. 北京：人民出版社，1995：79.

相对有限的现实资源和无限增长的人的需要之间客观矛盾的唯一方式只能是创新实践。

三、创新实践对科学发展本质的深刻揭示

纵观传统的发展观对于发展本质的界定，它无疑对人类在一定历史阶段的发展实践和发展价值进行了有益的概括和总结，为解决发展问题提供了阶段性的成果，但是总体来说都无法克服自身固有的历史局限和理论局限。而基于创新实践，我们可以构建新的发展观，科学揭示科学发展的内在本质，从而实现对传统发展观的本质超越。

（一）创新实践可以更加深刻地揭示发展"以人为本"的价值旨向

"以人为本"是科学发展的核心价值，也就是说发展始终把"人"作为中心，既把人作为手段，也把人作为目的，发展是通过"人"的潜能的充分发挥和本质的充分展示，而达到促进人的发展和社会进步的过程。在马克思看来，人的本质不是片面的存在，而是一个由多种本质特性所构成的统一整体。创新实践是人的本质力量的外化，集中体现和更加深刻地揭示了人的本质。

第一，创新实践更加深刻地体现了人的类本质。在马克思看来，人的类本质在于能够自觉地、主动地、自由地、创造性地认识世界和改造世界。这是一种自由自觉的实践活动，正是在这种活动中不断实现和确证人的类本质。正如马克思所指出的，自由自觉的人类实践活动"**创造对象世界，改造**无机界，人证明自己是有意识的类存在物，就是说是这样一种存在物，它把类看作自己的本质，或者说把自身看作类存在物"①，也"正是在改造对象世界中，人才真正地证明自己是**类存在物**"②。因此，"自由的有意识的活动恰恰就是人的类特性"③。人的创新实践是一种更加积极意义上的创造性活动，最能体现人的主体性和自

---

① ③　马克思. 1844 年经济学哲学手稿. 北京：人民出版社，2000：57.
②　同①58.

觉性，充分展现着人的主体意识和创新能力，从而深层揭示人的"自由的自觉的活动"的类本质。

第二，创新实践更加深刻地体现了人的社会本质。人是社会的人，社会是人的社会。人的这种社会属性对于其生存和发展来说，是具有决定性意义的。正如马克思所指出的："人的本质不是单个人所固有的抽象物，在其现实性上，它是一切社会关系的总和。"① 人们"只有以一定的方式共同活动和互相交换其活动，才能进行生产。为了进行生产，人们相互之间便发生一定的联系和关系；只有在这些社会联系和社会关系的范围内，才会有他们对自然界的影响，才会有生产"②。任何个人都必须生活在一定的具体社会关系之中，单个的人既无法生产，也无法生活。人的社会本质的生成和人的社会实践的发展是系统发育的，在社会实践的发展中人的社会本质得以形成和不断发展，而创新实践是对常规实践的否定，从而形成新的实践方式，因此也是实践发展的根本途径。

（二）创新实践可以更加深刻地揭示科学发展的深层动力机制

在唯物辩证法看来，事物的发展不仅仅是量的增长，更重要的是在量变的基础上实现质的飞跃。科学发展也不仅仅是经济量的增长，更重要的是整个社会体系和结构的变化，是一种质的飞跃。实践是人所特有的本质活动，是人的存在方式。实践的内容是丰富多彩的，实践的形式也是多种多样的。虽然，人类社会的存在和发展离不开常规实践，但是总体来说，常规实践只是对维持已有的社会存在方式或者生产在同一水平上的量的扩张具有不可或缺的作用，依靠常规实践不可能实现质的飞跃从而实现发展。最能体现实践创造性本质的是创新实践。正是在不断发展着的人的需要的推动下，人的"自由的自觉的活动"的本质不断外化，通过不断地对既有实践方式进行革命性的变革与超越，创新实践不断地生成和发展着。不断生成和发展着的生产创新实践、制度创新实践和知识创新实践分别造就了物质文明、制度文明和精神文明。物质文明是社会文明的基础，制度文明是社会文明的保障，精神文明是社会文明的精神动力。这三大创新实践相互依存、互相作用，有机地构成了推动

---

① 马克思，恩格斯. 马克思恩格斯选集：第1卷. 2版. 北京：人民出版社，1995：56.
② 同①344.

科学发展的合力。

第一，知识创新实践作为科学实验的高级形式，不断地为科学发展提供精神动力和智力支持。科学实验的功能在于不断揭示纷繁复杂现象背后所隐藏的自然规律和社会规律，从而为人类更加有效地认识世界和改造世界提供科学知识基础。科学的本质在于创新，新的自然规律和社会规律的发现不可能依靠常规实践来实现，只能在创新实践中源源不断地发现新的规律和创造新的知识，从而为科学发展提供精神动力和智力支持。一方面，知识创新实践可以为人类的科学发展提供新知识，甚至在一定情况下，可以彻底颠覆传统的知识体系引发科学革命，进而引发工业革命，从而促进人类社会发展，实现革命性的变革。另一方面，知识创新实践同样还可以引发社会科学的革命，理论创新成为引导社会发展和革命性变革的先导。正是在知识创新实践的基础上，人们不断发现新的规律，创造新的理论，形成新的认识，从而为实现科学发展提供观念变革、文化引领和智力支持。

第二，技术创新实践引起技术革新或技术革命，从根本上改变着人类的生产方式和生活方式，从而为科学发展提供本源动力。生产力是社会发展的最终决定力量，从一定意义上说，人类社会的发展过程就是生产力不断进行革命性变革的历史。技术创新实践成果在生产上的广泛应用是生产力实现质的飞跃的根本动力。当今时代，新一轮科技革命和产业革命正在孕育兴起，新技术替代旧技术、智能型技术替代劳动密集型技术趋势明显，技术创新对经济社会发展的支撑和引领作用日益增强。科学发展最根本的特征是发展质量的提高。靠投资拉动、资源拉动和牺牲环境为代价的办法以及高投入、高能耗、高污染的发展方式将难以为继。破除发展中经济结构不合理、区域发展不平衡、资源环境刚性约束等问题，必须要转变经济发展方式，调整经济结构，而要做到这一点，唯有依靠技术创新实践增强科技进步对经济增长的贡献率，从而形成新的增长动力源泉。

第三，制度创新实践可以实现制度变迁，破除与科学发展要求不相适应的体制机制，进而为科学发展提供制度保障。科学发展作为人类的一种实践方式，仅仅靠宣传和教育是不够的，还必须要有符合科学发展要求的制度体系，例如政绩考核制度、干部任用制度、财税制度、生态环境保护制度、分配制度等等，用制度来规范、激励人们的行为，促使人们按照科学发展的要求从事实践活动。因此，制度创新实践将会贯穿科学发展的全过程，为科学发展不断提供制度保证。

四、创新实践是社会发展战略的灵魂

虽然人们对于创新实践的理论认识起步很晚，理论化的创新实践发展论甚至还没有完全形成，但是创新实践对社会发展的重大意义，人们早就有所发觉，而且自觉或不自觉地运用到社会发展战略的规划上了。从历史到现实，我们都能够找到创新实践发展论这个历史发展的深层"逻各斯"。不管人们是自觉地遵循了它，还是无意地顺应了它，它总是能够让遵从它的人们得到幸福；不管人们是故意地违抗了它，还是盲目地违背了它，它总是能够使背离了它的人们受到惩罚。总之，冥冥之中，每个民族的兴衰都在它的控制之下，每个国家的兴亡都可以在它那里找到原因。

纵观人类历史，尤其是近代以来，尊重创新早已是西方各国强国的法宝。国家的强盛，多源于科技的发达和创新的频发；国家的衰落，多由于科技的衰退和创新的缺失。

在欧洲文艺复兴之前约 1 000 年的中世纪里，科学是神学的婢女，教育是教会的禁脔，循规蹈矩服从上帝是唯一的本分。文艺复兴运动是西欧资产阶级反封建的文化革命运动，代表了近代资本主义世界曙光初露的黎明，教会的精神独裁被摧毁了。首先，科学从千余年沦为神学婢女的可怜境遇中解放出来，并建立在了科学实验的基础上，这标志着近代科学的形成；其次，封建教育对儿童身心的摧残，对个性的压抑及其所奉行的经院主义教学内容和方法，遭到批判，人文主义教育所具有的世俗性、人道精神和个性自由，培养了人们的科学意识、人才意识和创新意识。这次运动开辟了有史以来的又一个伟大的创新时代。

在近代西方国家，拿破仑"是第一位认识到科学价值的统治者"[1]。他非常重视和尊重科学家，甚至对敌国的科学家，也是礼遇有加，即使是在英法交战期间，他仍向在电化学上卓有成就的英国大化学家戴维颁

---

[1]　贝尔纳. 科学的社会功能. 陈体芳，译. 北京：商务印书馆，1995：68.

奖。拿破仑还非常重视科学的用途,尤其是看重科学及创新对其统治和军队的实际帮助。据日本科学家汤浅光朝引用的资料,取得重大科学成就的项目,在 1801 年到 1850 年间,英国是 92 项,法国是 144 项,法国明显超过英国,取代英国成为世界科学活动中心。法国工业总产值到 19 世纪 60 年代已跃居世界第二。这些是对法国实现跨越式发展、取得巨大成功的一个最好诠释。

19 世纪初,德国还是一个四分五裂、农业人口占全国人口 3/4 的贫穷落后的国家。1806 年 10 月 27 日,法军几乎兵不血刃地进入柏林,次年又迫使战败国签订丧权辱国的《提尔西特和约》,拿破仑占领了 2/3 的德国领土,获得 1.2 亿塔勒的巨额赔款。遭此奇耻大辱的德意志民族并没有从此一蹶不振。当时的口号是"向法国人学习,学习他们今天用来对付我们的这一切,最终以牙还牙"①。普鲁士国王弗里德里希·威廉三世号召用脑力来补偿国家在物质方面所遭受的损失。在经济极端困难的情况下,仍拨巨款创建了柏林大学,确立了大学科学研究的职能,很快即在德国达到第一流的科学水平。到 19 世纪中叶,柏林大学已成为世界大学的楷模。德国被世界公认为"世界科学的中心"。由于有发达的科技和教育作为基础,德意志统一后仅用 40 年的时间便走完了英国人 100 年才走完的工业化道路。19 世纪中叶以后,德国取代法国成为世界科学中心。

在西方诸国中,英国资本主义发展最早,它率先完成了资产阶级政治革命和工业革命,经济实力在两百年间首屈一指,号称"日不落帝国""世界工厂"。1840 年,英国工业生产能力占世界总额的 45%,超过法、德、美三国的总和,是名副其实的世界霸主。在科学上,英国也有过辉煌的历史。其科学自牛顿起即领先于西方各国,是当之无愧的世界科技中心。据估计,从 17 世纪中叶到 18 世纪中叶,全世界最重要的科学成就中,大约有 40% 都是由英国学者做出的②。不仅如此,英国在倡导科学思想、推广科学技术教育方面也曾一度领先。但到 18 世纪末,英国已丧失了以往的科技优势。原因正是它在相当长的时间内,忽视了教育的重要意义,忘记了科学的力量,荒废了社会创新能力的培养。

---

① 邱震海. 德国:一个冬天之后的神话:旅德纪实. 上海:复旦大学出版社,1997:104.

② 王觉非. 近代英国史. 南京:南京大学出版社,1997:前言 3.

在世界近现代史上，美国的崛起之谜吸引了众多研究者的兴趣。人们从各个方面分析其成因，最终不得不归结到科技和创新的作用。对于美国的崛起，恩格斯说："在英国需要整整数百年才能实现的那些变化，在这里只有几年就发生了。"① 早期美国联邦和州的领导人已意识到科技进步对国家发展的作用，遂对科技和创新采取了扶植的政策。1787年宪法规定国会要"促进科学和有用工艺的进步"。富兰克林、华盛顿、杰斐逊、林肯等都十分爱好科学，甚至亲自参加科学研究，并制定了成功的科学政策，推动了美国重视科学和崇尚科学精神的传统的形成。到19世纪中叶，新科学、技术发明在美国如雨后春笋般层出不穷。这些科学的发明创造及广泛运用，使美国各行各业的生产力达到了从未有过的高度。20世纪50年代初，美国每年的科研经费约为50亿美元，到20世纪60年代初达到136亿美元，1987年达到1 243亿美元，1990年突破1 500亿美元。充裕的资金使美国科技实力在近半个世纪中名列前茅，维持了其世界科学中心的地位。克林顿政府上台后，更加重视科研的投入。克林顿说："在一个科研比最近的50年中任何时候都更加重要的新世纪即将来临之际，削减科研经费犹如在冷战的巅峰时刻削减我们的国防预算。"②

历史的发展使我们清楚地看到，在绵延不断的人类社会发展中，哪一个民族和国家重视创新，善于创新，就充满活力，就发展快，就能屹立于世界民族之林；哪一个民族和国家因循守旧，思想僵化，失去创造力，就缺乏生机，衰竭不前，甚至任人欺凌，被动挨打。

---

① 马克思，恩格斯. 马克思恩格斯全集：第34卷. 北京：人民出版社，1972：333-334.

② 美国总统科学技术政策办公室. 改变21世纪的科学与技术：致国会的报告. 高亮华，等译. 北京：科学技术文献出版社，1999：21.

结束语：永无止境的创新实践问题

作为一部著作，总要有一个结尾，算是对自己所做工作的一个交代，从这个意义上讲，这一部分可以叫作结束语。但是，我们对于创新实践问题的研究还刚刚起步，有许多新的领域有待于开拓和探索，有许多新的问题有待于思考和解答，有许多发展着的实践需要不断创新的理论做指导，从这个意义上讲，创新实践问题永无止境，我们对创新实践问题的研究根本没有结束语。

一、创新实践本身的发展永无止境

唯物辩证法认为，世界是普遍联系和永恒发展的，正是世界联系的无限性和发展的永恒性，为创新实践留下了无限的发展空间，也向创新实践提出了无止境的发展任务；具体的人的发展是有限的，其创新实践能力也是有限的，然而作为"类"的人的发展是无限的，其创新实践能力的发展也是一个永无止境的过程；不断发展着的人推动着生产力的不断发展，从而推动着人类社会的不断发展，不断发展着的人类社会又为人的创新实践的发展，不断提供着新的物质的、精神的、制度的等方面的条件，从而推动着创新实践的无限发展。

首先，客观世界不仅是无限复杂的，而且是不断运动和永恒发展着的，这就为创新实践留下了无限宽广的可能性空间，也就决定了创新实践发展的永无止境。一方面，就认识世界的创新实践来说，由于人们对客观世界的认识不是一次就能完成的，它必然经历一个从不知到知、从知之不多到知之较多、从低级到高级的逐渐向前发展的过程，而且客观事物随时随地处在运动变化和发展之中，因而人的认识也应随之不断发展深化和修正，这就需要我们不断地进行知识创新实践。另一方面，就改造世界的创新实践而言，例如技术创新实践、制度创新实践等，也是没有止境的。由于对纷繁复杂、不断发展着的客观世界认识的局限性，以及人类改造世界的具体手段和能力的局限性，人们的一切社会性的客观物质活动必然带有深深的社会历史性的特点，也就是说任何具体的创新实践只有在一定的基础和条件下才能进行，它必定受到一定的历史基础和条件的制约。在不同的历史时期，具体创新实践的对象、内容和水平都不相同，而且一定历史时期的创新实践的结果还将成为下一历史时期创新实践的基础和条件、阶梯和桥梁，人类的创新实践就处于无限发展的过程之中。

其次，人的发展无止境决定着人的需要发展无止境，决定着人的解放无止境，决定着人的实践能力发展无止境，从而也就决定着为满足不断发展着的新的需要而进行的创新实践的发展永无止境。一方面，人的需要发展无止境决定着创新实践的发展无止境。需要是人的本性，需要的不同也是人区别于动物的本质的一个方面。没有了需要就没有了人的存在，没有了需要的发展就没有了人的发展。人的需要不仅是异常丰富的，而且是无限发展的，旧的需要得到满足之后，新的需要又会层出不穷。新的需要必须通过新的实践方式得到满足，也就是要通过创新实践得到满足，因而，需要发展的无限性规定着创新实践发展的永无止境。另一方面，人的解放过程无止境决定着人的实践能力发展无止境，从而也就决定着创新实践的发展无止境。人的解放是一个渐进的过程，也是一个无止境的历史过程。正是在对自然的不断解放中，人认识自然和改造自然的能力不断提高；正是在对社会的不断解放中，人的能力不断发展，人的创新精神不断丰富，从而人的创新实践能力不断发展。

最后，社会的发展无止境决定着创新实践的发展无止境。一方面，无止境发展着的社会不断地提出创新实践的需要，因为，社会的发展需要生产力的推动，而作为生产者的人是"**全人类的首要的生产力**"①，

---

① 列宁. 列宁选集：第 3 卷. 3 版. 北京：人民出版社，1995：821.

社会的发展最终还是要由人的实践能力的发展来推动，尤其是需要人的创新实践来推动；另一方面，创新实践的进行和发展总是需要一定的条件的，例如物质基础、文化环境、制度条件等，无止境发展着的社会不断地为创新实践提供着这些新的条件，从而推动着创新实践无止境地发展。

正如江泽民所说："社会生产力和经济文化的发展水平是逐步提高、永无止境的历史过程，人的全面发展程度也是逐步提高、永无止境的历史过程。"① 不断发展着的社会和不断发展着的人决定着创新实践的发展是一个永无止境的过程。

二、创新实践理论的研究永无止境

创新实践理论研究的无止境是由两个方面决定的：一是创新实践问题是非常复杂的，需要研究的内容异常丰富，再加上创新实践本身又是不断发展的，需要研究的内容也是不断发展的，这一切决定着创新实践基本理论的研究永无止境；二是创新实践问题的延伸——应用理论的领域是无限的，也决定着创新实践应用理论的研究永无止境。

首先，创新实践基本理论的研究永无止境。创新实践基本理论有着十分丰富的内容，从广度上来说，非常宽广的领域有待于开拓；从深度上来说，有着非常深刻的内容有待于挖掘。例如，关于创新实践的定义问题、创新实践的分类问题、创新实践的结构问题、创新实践的功能问题、创新实践与其他人类活动之间的关系问题、创新实践形态的历史演变等元理论问题还有待于进一步深入研究；元理论之外的基础理论有着更广阔的发展空间，例如创新实践与认识论的发展问题，创新实践与辩证法的发展问题，创新实践与本体论的发展问题，创新实践的价值评价问题，创新实践与群众观问题，创新实践与经济基础、上层建筑之间的直接作用问题，各种创新实践之间的相互依存、相互促进、相互转化的问题等。

其次，创新实践应用理论的研究永无止境。创新实践基本理论进一

---

① 江泽民. 论"三个代表". 北京：中央文献出版社，2001：180.

步具体化，可以衍生出应用理论，衍生的空间也是非常宽广的。例如，创新实践基础理论在经济学领域的应用会衍生出创新实践价值论、创新实践与剩余价值理论、创新实践分配论、创新实践与剥削问题、创新实践经济学等理论；创新实践基础理论在发展理论中应用会衍生出新的发展观；创新实践基础理论应用于社会历史领域，可以衍生出创新实践与资本主义的历史进程问题、创新实践与社会主义的历史进程问题以及创新实践与人类社会发展的前景问题等；创新实践基础理论在社会学领域可以衍生出创新实践与社会结构变化问题、创新实践与生产者的变化问题等。

三、创新实践理论的应用永无止境

理论最终是要服务于实践的，创新实践理论的发展最终也要应用到实践中去。创新实践理论发展的无止境以及社会实践需要的无止境，决定着创新实践在实践中的应用也是永无止境的。

首先，创新实践理论可以应用于指导发展问题的解决。例如，通过技术创新实践实现科技创新，不断推动生产力的发展，以解决经济发展问题，促进物质文明的发展，为人和社会的发展创造物质基础；通过知识创新实践实现文化创新，以解决文化发展问题，促进精神文明的发展，为人和社会的发展提供智力支持和精神动力，建立新的发展观念；通过制度创新实践实现制度创新，以解决制度发展问题，促进制度文明的发展，借以为实现人、自然和社会的协调发展提供制度保障；通过创新实践实现环境创新，促进生态文明的发展，借以解决环境问题；通过创新实践实现人的创新，借以提供发展的主体条件，并实现发展的目的等。

其次，运用创新实践理论可以解释大国兴衰的奥秘，可以指导国家社会发展战略的制定。例如我国的依法治国方略、科教兴国战略、可持续发展战略、西部大开发战略、经济结构调整战略、引进来与走出去相结合战略等无不蕴含着"创新"这个灵魂，无不蕴含着"创新兴国"这一主题，我们以"创新实践理论"为指导，可以制定出更好的社会发展战略，以实现我国的跨越式发展和中华民族的伟大复兴。

最后，创新实践理论可以用于指导分配制度的改革问题，让创新实践者得到应有的回报，真正实现按劳分配，在全社会形成一个尊重创新实践、支持创新实践和鼓励创新实践的制度环境和社会氛围。

当然，我这里所提到的只是创新实践问题冰山之一角，创新实践问题有着非常宽广的发展空间，无论基础理论、应用理论，还是理论应用的发展都是永无止境的。随着对创新实践问题研究的深入以及对创新实践理论应用的广泛展开，我相信创新实践问题越来越丰富的理论内容会呈现在我们面前，创新实践理论引导社会实践的伟大力量会逐渐显现出来。

主要参考文献

马克思，恩格斯. 马克思恩格斯全集：第 2，3，13，16，19，20，23，24，25，26（Ⅰ），26（Ⅱ），26（Ⅲ），27，36，39，42，46（下），47，49 卷. 北京：人民出版社，1957，1960，1962，1964，1963，1971，1972，1972，1974，1972，1973，1974，1972，1974，1974，1979，1980，1979，1982.

马克思，恩格斯. 马克思恩格斯选集：第 1—4 卷. 2 版. 北京：人民出版社，1995.

马克思. 1844 年经济学哲学手稿. 北京：人民出版社，2000.

恩格斯. 自然辩证法. 北京：人民出版社，1971.

中国社会科学院哲学所历史唯物主义研究室，中国历史唯物主义研究会. 马克思 恩格斯 列宁 斯大林论人性、异化、人道主义. 北京：清华大学出版社，1983.

列宁. 列宁选集：第 1—4 卷. 3 版. 北京：人民出版社，1995.

毛泽东. 毛泽东文集：第 8 卷. 北京：人民出版社，1999.

毛泽东. 毛泽东选集：第 1 卷. 2 版. 北京：人民出版社，1991.

毛泽东. 建国以来毛泽东文稿. 北京：中央文献出版社，1996.

中共中央文献研究室. 邓小平思想年谱. 北京：中央文献出版社，1998.

邓小平. 邓小平文选：第 2 卷. 2 版. 北京：人民出版社，1994.

邓小平. 邓小平文选：第 3 卷. 北京：人民出版社，1993.

江泽民. 论"三个代表". 北京：中央文献出版社，2001.

江泽民. 论科学技术. 北京：中央文献出版社，2001.

江泽民. 全面建设小康社会开创中国特色社会主义事业新局面. 北京：人民出版社，2002.

韩树英. 马克思主义哲学纲要. 北京：人民出版社，1990.

肖　前. 马克思主义哲学原理. 北京：中国人民大学出版社，1994.

肖　前. 实践唯物主义研究. 北京：中国人民大学出版社，1996.

庞元正. 邓小平理论精髓. 北京：经济科学出版社，1998.

庞元正. 发展理论论纲. 北京：中共中央党校出版社，2000.

庞元正. 决定论的历史命运. 北京：中共中央党校出版社，1996.

庞元正. 当代西方社会发展理论新词典. 长春：吉林人民出版社，2001.

庞元正. 以持续全面创新不断提升国际竞争力：宝钢建设与发展二十三年调研. 北京：中共中央党校出版社，2001.

庞元正. 当代中国科学发展观. 北京：中共中央党校出版社，2004.

景天魁. 社会发展的时空结构. 哈尔滨：黑龙江人民出版社，2002.

刘大椿，等. 转型驱动力：现代科技革命与社会变革. 南昌：江西高校出版社，2002.

刘大椿. 科学技术哲学导论. 北京：中国人民大学出版社，2000.

刘大椿. 在真与善之间：科技时代的伦理问题与道德抉择. 北京：中国社会科学出版社，2000.

刘大椿，等. 知识经济：中国必须回应. 北京：中国经济出版社，1998.

周天勇. 走出决策的经济学误区. 广州：广东经济出版社，2002.

经济合作与发展组织. 以知识为基础的经济. 北京：机械工业出版社，1997.

现代国外经济学论文选：第 6 辑. 北京：商务印书馆，1984.

蔡继明. 广义价值论. 北京：经济科学出版社，2001.

陈岱孙. 从古典经济学派到马克思. 北京：北京大学出版社，1996.

陈文化. 腾飞之路. 长沙：湖南大学出版社，1999.

陈志良，等. 知识爆炸：高科技与知识经济. 北京：科学普及出版社，1999.

董振华. 新劳动论：从经济学到哲学的理论思考. 北京：中共中央党校出版社，2005.

董振华. 解放思想：发展中国特色社会主义的一大法宝. 北京：人民出版社，2008.

樊　纲. 现代三大经济理论体系比较和综合. 上海：上海三联书店，1994.

冯之浚. 知识经济与中国发展. 北京：中共中央党校出版社，1998.

何传启，张凤. 知识创新. 北京：经济管理出版社，2001.

胡寄窗. 中国经济思想史：上. 上海：上海人民出版社，1962.

金吾伦. 创新理论新词典. 长春：吉林人民出版社，2001.

劳动和社会保障部劳动工资研究所. 劳动价值与分配新论. 北京：中国劳动社会保障出版社，2002.

李　平. 知识经济与产业变革. 北京：经济管理出版社，1999.

李善明. 马克思恩格斯经济学创建纪略. 石家庄：河北人民出版社，1984.

刘宗超，等. 生态文明观与全球资源共享. 北京：经济科学出版社，2000.

骆耕漠. 马克思的生产劳动理论. 北京：经济科学出版社，1990.

齐振海. 未竟的浪潮. 北京：北京师范大学出版社，1996.

秦　言. 关注知识经济. 天津：天津人民出版社，1998.

宋　健. 现代科学技术基础知识. 北京：中共中央党校出版社，1994.

宋则行，等. 世界经济史：上. 北京：经济科学出版社，1998.

苏东斌. 劳动价值学说史略. 北京：中国经济出版社，2002.

王长友，等. 知识·经济·生存：知识经济中的社会与个人. 北京：中国建材工业出版社，1998.

王珏，等. 分配制度十人谈. 南宁：广西人民出版社，1998.

王慎之. 西方经济思想库：第2卷. 北京：经济科学出版社，1997.

吴季松. 知识经济. 北京：北京科学技术出版社，1998.

肖云龙. 创新教育论. 长沙：湖南大学出版社，2000.

邢以群. 创新管理论. 长沙：湖南大学出版社，2000.

熊贤君. 中国教育行政史. 武汉：华中理工大学出版社，1996.

晏良剑. 软劳动与智能文明. 北京：中国经济出版社，2000.

颜晓峰. 论创新. 北京：国防大学出版社，2002.

晏智杰. 劳动价值学说新探. 北京：北京大学出版社，2001.

杨继绳. 技术贸易学. 北京：新华出版社，1991.

张华金. 文明与社会进步. 上海：上海社会科学院出版社，1998.

张仲梁，鲍克. 中国科学技术界概观. 北京：中国科学技术出版社，1991.

中共中央党校研究室. 28位专家学者谈劳动价值论再认识. 北京：中共中央党校出版社，2001.

庞巴维克. 资本与利息. 北京：商务印书馆，1959.

熊彼特. 从马克思到凯恩斯十大经济学家. 南京：江苏人民出版社，1965.

熊彼特. 经济发展理论. 北京：商务印书馆，1990.

熊彼特. 资本主义、社会主义和民主主义. 北京：商务印书馆，1979.

爱因斯坦. 爱因斯坦文集：第1，3卷. 北京：商务印书馆，1976，1979.

哈贝马斯. 作为"意识形态"的技术与科学. 北京：学林出版社，1999.

萨伊. 政治经济学概论. 北京：商务印书馆，1963.

瓦尔拉斯. 纯粹经济学要义. 北京：商务印书馆，1989.

科斯. 财产权利与制度变迁. 上海：上海三联书店，1994.

托夫勒. 第三次浪潮. 北京：中共中央党校出版社，1984.

杜拉克. 创新与企业家精神. 海口：海南出版社，2000.

贝尔. 后工业社会的来临. 北京：商务印书馆，1984.

西蒙. 管理决策新科学. 北京：中国社会科学出版社，1982.

库恩，科学革命的结构. 北京：北京大学出版社，2003.

尼葛洛庞帝. 数字化生存. 海口：海南出版社，1996.

彼得斯. 管理大师：汤姆·彼得斯论创新. 海口：海南出版社，2000.

布伦诺斯基. 科学进化史. 海口：海南出版社，2002.

奈斯比特. 大趋势. 北京：中国社会科学出版社，1984.

敦尼克，等. 哲学史：欧洲哲学史部分. 北京：生活·读书·新知三联书店，1972.

卢卡奇. 社会存在本体论：下卷. 重庆：重庆出版社，1993.

米克. 劳动价值学说的研究. 北京：商务印书馆，1979.

斯密. 国民财富的性质和原因的研究：论分工. 北京：商务印书馆，1972.

汤因比. 历史研究：上卷. 上海：上海人民出版社，1966.

罗文. 网络淘金. 北京：新华出版社，2002.

庞元正，董振华. 邓小平创新思想研究. 新视野，2002（4）.

安维复. 创新范畴与马克思哲学当代形态的研究. 哲学动态，2002（2）.

白暴力. 马克思生产劳动范畴的两重性及其统一：兼论社会主义生产劳动. 当代经济研究，2001（5）.

陈振羽. 生产资料创造价值应被否定. 经济评论，2001（5）.

陈　征. 论科学劳动. 当代经济研究，1996（6）.

程恩富. 科学认识和发展马克思的劳动价值论. 高校理论战线，2001（9）.

丁堡骏. 为马克思的劳动价值论辩护. 当代经济研究，2001（12）.

杜月琰. 知识生产中的创造性劳动. 深圳大学学报（人文社会科学版），1999（4）.

谷书堂，柳欣. 新的劳动价值论一元论. 中国社会科学，1993（6）.

顾伯平. 论创新. 云南社会科学，2001（1）.

何炼成. 也谈劳动价值论一元论. 中国社会科学，1994（2）.

何荣天. 劳动价值论与知识经济. 东南学术，2000（3）.

何顺果. 劳动时间不再决定价值. 人民日报，1999-12-10.

何　伟. 如何理解按生产要素分配. 经济学动态，1998（4）.

胡培兆. 马克思劳动价值论今解. 经济学动态，2001（7）.

李继武. 创新及其本体论基础和人本质论依据. 文史哲，2001（3）.

李江帆. 在第三产业崛起的背景下重新认识劳动价值论. 经济学动态，2001（7）.

李兆友，远德玉. 论技术创新主体. 自然辩证法研究，1999（5）.

刘福寿. 创新实践价值论论纲. 经济与管理，2002（1）.

刘诗白. 当代科技创新实践在创造价值中的作用. 求是，2002（5）.

鲁从明. 论商品价值的潜在源和现实源及知识积累的乘数效应. 中共中央党校学报，1998（4）.

鲁从明. 坚持和发展劳动价值论 探索社会主义收入分配的新特点. 理论前沿，2001（21）.

鲁从明. 知识经济时代劳动价值论过时了吗？：关于知识经济和劳动价值论的对话. 中国党政干部论坛，2000（4）.

陆立军. 关于马克思生产劳动的几个问题. 中国社会科学，1982（5）.

钱伯海. 社会劳动创造价值之我见. 经济学家，1994（2）.

苏星. 劳动价值论一元论. 中国社会科学，1992（6）.

田川. 哲学的创新与创新的哲学. 中国特色社会主义研究，2002（2）.

童宣军. 创新活动的生成机制探析. 天府新论，2000（1）.

卫兴华. 关于深化对劳动和劳动价值理论的认识问题. 经济学动态，2000（12）.

吴易风. 社会主义经济理论与实践. 人大复印报刊资料，2001（7）.

项启源. 新技术革命与劳动价值论. 学术月刊，1995（10）.

萧灼基. 推进理论创新，指导经济实践. 当代经济研究，2001（5）.

晓 亮. 论技术商品化的几个理论问题. 光明日报，1985-04-07.

肖广岭. 创新性劳动与劳动价值论的进化. 清华大学学报（哲社版），2002（5）.

肖广岭. 论创新性劳动. 清华大学学报（哲学社会科学版），2001（4）.

肖广岭. 知识经济还遵循传统的价值规律吗？自然辩证法研究，2000（1）.

杨焕章. 论创新的哲学与哲学的创新. 中国青年政治学院学报，2000（3）.

杨继国. 论知识经济中劳动价值论的新发展. 社会科学家，2000（2）.

杨继瑞. 论知识技术在价值形成过程中的功能. 经济学动态，2001（7）.

易杰雄. 论创新. 浙江学刊，1998（5）.

曾绪宜. 创造性劳动价值论. 探索，1994（1）.

曾绪宜. 对《创造性劳动价值论》的再思考. 涪陵师范学院学报，2002（4）.

张　直. 从劳动价值论到知识价值论. 湖南经济，1998（6）.

邹东涛. 深化认识劳动和劳动价值论. 中国经济时报，2001-02-06.

邹东涛. 对我国收入分配制度建设的几点认识. 中国党政干部论坛，2002（4）.

邹东涛. 知识经济：知识价值实现的经济. 经济学家，2000（3）.

后　记

　　实践的观点是马克思主义哲学首要的、基本的观点。正是在实践范畴的基础上，马克思实现了哲学的革命。当代马克思主义哲学的发展，同样离不开实践的发展，离不开实践理论的发展。上个世纪 70 年代以来，新技术革命蓬勃兴起，科学理论不断实现新的突破，社会体制创新成为世界各国共同面临的课题，创新成为时代精神的集中体现，成为当代人类社会实践的主导形式。正是在这样的时代背景下，创新实践不仅成为马克思主义哲学研究不容回避的重大课题，更成为马克思主义哲学发展的源头活水，理所当然赋予了历史唯物主义以实践生成的存在论向度。力求在创新实践的基础上，拓展马克思主义的历史视域和时代维度，是本书选题的学术旨趣所在。

　　我对于创新实践问题的研究，始于在中共中央党校攻读博士学位期间。在导师庞元正先生的教导下，我从 2000 年开始接触和研究创新劳动问题，并以《创新劳动论——从经济学到哲学的理论思考》作为博士论文选题。后来这篇论文被评为中共中央党校优秀博士论文，入选"中共中央党校博士文库"出版。博士毕业留校工作后，我在博士论文的基础上，继续沿着创新这个主题不断挖掘，从创新劳动拓展到创新实践问题研究，2011 年我的学术专著《创新实践论》在人民出版社出版。这是国内第一部从哲学视角系统研究创新实践问题的学术专著，这种具有开创意义的工作，对于当今马克思主义哲学的研究有着十分重要的现实意义，受到了学术界的普遍关注和认同，其中的一些观点被马克思主义哲学研究者广泛引用。在一些德高望重的恩师和学术前辈的鼓励下，我在创新实践领域笔耕不辍，研究成果先后在《哲学研究》《现代哲学》《天津社会科学》《自然辩证法研究》《江海学刊》等期刊上发表，其中有多篇成果被《新华文摘》全文转载，这些研究成果受到了学术理论界的广泛关注。本书是应中国人民大学出版社牛晋芳女士之约，在《创新实践论》的基础上系统梳理近年来我在创新实践方面的学术思想形成的一个阶段性的成果。鉴于本人才学有限，其中不乏粗陋观点和不完善的地方，恳请学界方家不吝指教。

经过专家评审，本书入选了中国人民大学出版社"马克思主义研究论库·第二辑"，并得到了国家出版基金的资助。本书之所以能够以这样的面貌呈现给读者，这要感谢牛晋芳女士的大力推介和辛勤劳动，也要感谢中国人民大学出版社各位领导和编辑老师的支持和帮助，还要感谢在我学术历程中对我耳提面命、谆谆教诲的各位师长和给予我更多鼓励和帮助的学界同人！

图书在版编目（CIP）数据

创新实践与唯物史观形态研究/董振华著. —北京：中国人民大学出版社，2019.6
（马克思主义研究论库·第二辑）
ISBN 978-7-300-26587-2

Ⅰ.①创… Ⅱ.①董… Ⅲ.①辩证唯物主义-研究 Ⅳ.①B02

中国版本图书馆 CIP 数据核字（2018）第 295609 号

国家出版基金项目
马克思主义研究论库·第二辑
创新实践与唯物史观形态研究
董振华　著
Chuangxin Shijian yu Weiwu Shiguan Xingtai Yanjiu

出版发行	中国人民大学出版社	
社　　址	北京中关村大街 31 号	**邮政编码**　100080
电　　话	010 - 62511242（总编室）	010 - 62511770（质管部）
	010 - 82501766（邮购部）	010 - 62514148（门市部）
	010 - 62515195（发行公司）	010 - 62515275（盗版举报）
网　　址	http://www.crup.com.cn	
经　　销	新华书店	
印　　刷	涿州市星河印刷有限公司	
规　　格	160 mm×235 mm　16 开本	**版　次**　2019 年 6 月第 1 版
印　　张	11.75 插页 3	**印　次**　2019 年 6 月第 1 次印刷
字　　数	185 000	**定　价**　42.00 元